中职教育跨学科教学模式研究

刘宗　张振娟　田康庆 ◎ 著

湘潭大学出版社
XIANGTAN UNIVERSITY PRESS

图书在版编目（CIP）数据

中职教育跨学科教学模式研究 / 刘宗，张振娟，田康庆著． -- 湘潭 ： 湘潭大学出版社，2025. 5. -- ISBN 978-7-5687-1817-2

Ⅰ. G718.3

中国国家版本馆 CIP 数据核字第 2025UR8146 号

中职教育跨学科教学模式研究

ZHONGZHI JIAOYU KUAXUEKE JIAOXUE MOSHI YANJIU

刘宗 张振娟 田康庆 著

策划编辑：渠珊珊
责任编辑：渠珊珊
封面设计：夏茜旸
出版发行：湘潭大学出版社
社　　址：湖南省湘潭大学工程训练大楼
电　　话：0731-58298960 0731-58298966（传真）
邮　　编：411105
网　　址：http://press.xtu.edu.cn/
印　　刷：长沙创峰印务有限公司
经　　销：湖南省新华书店
开　　本：710 mm×1000 mm 1/16
印　　张：12.75
字　　数：205 千字
版　　次：2025 年 5 月第 1 版
印　　次：2025 年 5 月第 1 次印刷
书　　号：ISBN 978-7-5687-1817-2
定　　价：64.00 元

作者简介

刘宗(1980.09—),男,汉族,山东青州人,毕业于山东艺术学院,现就职于济南市技师学院。长期在学院学生工作处任职,负责高新校区学生管理工作。发表论文10余篇,参编或主编校本教材多部,获个人外观专利3项,长期担任学院班主任工作,为名班主任工作室成员。荣立济南市三等功,荣获学院优秀班主任、年度先进个人称号,年度考核优秀。

张振娟(1982.01—),女,汉族,山东济阳人,毕业烟台师范学院外国语学院,现就职于济南市技师学院。曾担任基础部教研组教务员,长期担任大专班专业英语教学工作,并从事班主任工作三年。发表论文10余篇,积极参与校本教材出版工作,取得外观专利3项,获得学院年度先进个人等多项荣誉。

田康庆(1973.03—),男,汉族,山东商河人,毕业于天津职业技术师范学院,现就职于济南市技师学院。后勤服务工作部主任、副教授,经济师、高级技师。主要研究方向为机械工程、创业教育。曾发表论文20余篇,出版教材12部、专著4部,取得实用新型专利4项,获评济南市优秀共产党员、山东省人力资源社会保障系统先进个人、山东省技工教育优秀教育工作者等称号。

前　言

在快速发展的社会背景下，中职教育正站在转型升级的关键节点。随着新经济形态的蓬勃发展与产业结构的深度调整，社会对高素质技能人才的需求呈现出复合型、创新型特征，传统中职教育中课程体系固化、教学模式单一的弊端日益凸显。如何突破学科壁垒、重构教学范式，成为职业教育领域亟待解决的重要课题。

作为我国职业教育体系的重要基石，中职教育肩负着为产业发展输送技术技能型人才的重任。但在实践过程中，学科界限过于分明、教学内容与岗位需求脱节等问题，制约着人才培养质量的提升。为了应对这一问题，课程融合理念应运而生。它以职业能力培养为导向，打破学科边界，将知识体系、实践技能与职业素养进行系统整合，构建起更贴合行业需求的育人体系。

跨学科教学模式则为课程融合提供了切实可行的实现路径。这一模式倡导教师以跨学科视角设计教学活动，引导学生在知识迁移与整合中，培养综合实践能力和创新思维。国内外大量教育实践表明，跨学科教学不仅能有效提升学生的就业竞争力，更能促进其职业可持续发展，成为推动中职教育高质量发展的重要引擎。

本书聚焦中职教育课程融合与跨学科教学模式，展开系统性研究与深度探讨。从理论溯源出发，深入剖析课程融合的内涵与理论支撑，梳理跨学科教学的发展脉络；通过丰富的实践案例，展现课程融合在中职教育中的应用成效，同时直面实施过程中的痛点与挑战；在模式建构层面，系统阐述跨学科教学的构建原则、课程设计、方法创新等核心要素，并提出涵盖师资培养、资源建设、评价优化等方面的实施策略。本书力求为中职教育工作者提供理论指引与实践参考，为推动中职教育教学改革、提升人才培养质量贡献智慧。

目　录

第一章 中职教育课程融合概述

中职教育作为我国教育体系的重要组成部分，承担着为社会培养实用型技能人才的重任。随着产业升级和社会发展，传统学科教学模式已难以满足需求，课程融合成为必然趋势。本章将深入探讨中职教育课程融合的相关内容，首先介绍中职教育的定位、目标、学生群体特点及课程设置，让读者对中职教育有全面认识。接着阐述课程融合的概念与内涵，从哲学、教育学、心理学等角度剖析其理论依据。最后分析中职教育课程融合的特点与要求，为后续跨学科教学模式的研究奠定基础。

第一节 中职教育概述

中职教育在我国教育体系中占据着举足轻重的地位，它为社会培养了大量实用型技术人才。要深入研究中职教育课程融合，首先需对中职教育本身有全面的了解。本节将聚焦中职教育的定位与目标，明确其在人才培养链条中的独特作用。同时，分析中职学生群体的特点，这是开展针对性教学的基础。此外，还会介绍中职教育的课程设置，为后续探讨课程融合做好铺垫。[①]

一、中职教育的定位与目标

在我国教育体系和社会经济发展的宏大版图中，中职教育宛如一颗独具特色的明珠，散发着别样的光彩。它肩负着重要使命，其定位与目标对于整个教育生态和社会经济的稳定、发展起着至关重要的作用。明确中职教育的定位与目标，就如同为一艘在茫茫大海中航行的船只确定了航向，

①中国职业技术教育学会．职业教育若干专题研究报告汇编[M]．北京：高等教育出版社，2018 107-108.

对于推动中职教育不断前进、培养适应社会需求的人才具有深远的意义。

(一)中职教育在国家教育体系中的定位

1.高中阶段教育的重要组成部分

中等职业教育与普通高中教育共同构成了高中阶段教育体系,二者相辅相成,缺一不可。它为那些对职业技能有着浓厚兴趣和天赋的学生提供了一条不同于普通高中的成长之路。以全国范围来看,中等职业学校数量众多,招生对象主要涵盖初中毕业生和具有初中同等学力的人员,基本学制以三年制为主。这些学校就像一个个知识与技能的加工厂,在对学生进行高中文化知识教育的同时,根据职业岗位的要求有针对性地实施职业知识教育和职业技能训练。例如,在机械制造专业,学生不仅要学习数学、物理等文化知识,还要深入学习机械制图、数控编程等专业知识,并通过大量的实践操作来掌握机床操作、零件加工等技能。这种教育模式使得学生在完成学业后,能够迅速适应相关职业岗位的工作要求,为社会经济发展注入了强大的动力。

2.职业教育的主体

中职教育是我国职业教育的主体之一,与部分高中后的职业培训共同构建起了我国职业教育的坚实大厦。它就像一座桥梁,连接着学术理论与职业技能,为社会培养了大量具备一定职业技能和知识的实用型人才。随着我国制造业的转型升级和服务业的快速发展,对技术技能人才的需求日益增长。中职教育紧紧围绕这一需求,不断调整专业设置和教学内容,为制造业、服务业等各个领域输送了大量的专业人才。以制造业为例,预计到2025年,中职教育将培养超过2000万技术技能人才,支撑制造业转型升级。目前,中职教育专业数量超过1000个,其中与制造业相关的专业占比超过60%,这些专业的设置紧密结合制造业发展方向,重点发展智能制造、现代服务业等新兴专业,为我国制造业的高质量发展提供了有力的人才保障。

(二)中职教育的目标

1.培养高素质技术技能人才

中职教育的核心目标之一是培养高素质技术技能人才,以满足制造业对中高级应用型人才的迫切需求。在当今科技飞速发展的时代,制造业正朝着智能化、自动化、数字化的方向迈进，对人才的要求也越来越高。中职教育紧跟时代步伐，通过优化课程设置、加强实践教学等方式，培养学生掌握先进的技术和技能。例如，在智能制造专业，学生将学习机器人编程、工业物联网、人工智能等前沿知识和技术，并通过实践项目来提高自己的应用能力。预计到2025年，中职教育将培养超过2000万技术技能人才，这些人才将成为制造业转型升级的中坚力量。同时，中职教育还注重培养学生的创新精神和团队合作能力，使他们能够适应不断变化的市场需求和工作环境。

2.提升学生就业竞争力

中职教育始终将提升学生就业竞争力作为重要目标之一。它注重培养学生掌握特定行业所需的专业技能，通过实验、实训等丰富多样的教学方式，着重提升学生的实际操作能力，确保学生能够学以致用。许多中职学校与企业建立了紧密的合作关系，通过校企合作、订单培养等模式，为学生提供了大量的实习实训机会。学生在企业的实际工作环境中，能够接触到最新的技术和设备，了解行业的发展动态和企业的需求，从而更好地适应职场需求。例如，在电子信息技术专业，学校与电子企业合作，建立了校外实训基地，学生在实训基地中参与企业的实际项目开发，不仅提高了自己的专业技能，还积累了丰富的工作经验。此外，中职教育还加强职业道德教育，培养学生的职业责任感和敬业精神，使学生成为具有良好职业素养的劳动者，进一步提高了学生在就业市场中的竞争力。

3.为高等职业教育输送生源

中等职业学校不仅为学生的就业做好了准备，还致力于为高等职业教育输送具备坚实技术技能和合格文化素养的生源。近年来，随着我国职业教育体系的不断完善，中职毕业生的升学渠道越来越广阔。中职毕业生有65%选择升学，其中包括55%升入大专和10%升入本科，对口升学为中职生提供了更多选择。对口升学，又称职教高考，是国家为中职生提供的一种升学途径，使他们有机会直接进入普通高校学习。中职学校通过加强文化课程教学和专业技能培训，为学生的升学打下了坚实的基础。例如，在计算机专业，学校为有升学意愿的学生开设了专门的升学辅导班，帮助他们系统地复习文化知识和专业技能，提高升学考试的成绩。同时，中职学校还与高等职业院校开展合作，共同制定人才培养方案，实现课程衔接和学分互认,为学生的升学提供了便利条件。[①]

中职教育在国家教育体系中具有明确且重要的定位,既是高中阶段教育的重要组成部分,又是我国职业教育的主体。其目标具有多元性,既注重培养高素质技术技能人才以满足社会经济发展需求,又着力提升学生就业竞争力,还为高等职业教育输送合格生源。这些定位和目标相互关联、相互促进,共同推动着中职教育不断发展,为我国的经济建设和社会进步做出了重要贡献。

二、中职教育的学生群体特点

中职教育的学生群体犹如一幅色彩斑斓的画卷,具有独特的特点。深入了解这些特点,就像一把精准的钥匙,能够帮助教育者打开学生心灵的大门,制定出更符合学生需求的教育教学策略,从而提高中职教育的质量和效果,让每一位学生都能在中职教育的舞台上绽放出属于自己的光芒。

(一)学生的年龄与心理特点

1.年龄阶段

中职学生大多是初中毕业生,年龄一般在15－17岁之间,正处于身心快速发展的时期,也是心理与行为的“断乳期”。在这个阶段,他们的身体发育迅速,生理机能逐渐成熟,但无论是认知能力还是职业认知都远未成熟。他们就像刚刚破土而出的幼苗,对世界充满了好奇和探索的欲望,但又缺乏足够的经验和判断力。例如,在面对职业选择时,他们往往会感到迷茫和困惑,不知道自己适合从事什么样的职业。

2.心理特点

这一阶段的学生好奇心强,对新事物充满兴趣,但注意力容易分散,学习的自觉性和主动性相对较弱。他们开始有独立的思考和见解,但情绪波动较大,容易受到外界因素的影响。同时,部分学生由于在初中阶段学习成绩不理想,可能存在一定的自卑心理,缺乏学习的信心和动力。比如,在课堂上,他们可能会因为对某个知识点感兴趣而全神贯注,但过不了多久就会被其他事情吸引注意力。当遇到学习困难时,他们可能会轻易放弃,产生消极情绪。教师需要关注学生的这些心理特点,采用生动有趣的教学方法,激发学生的学习兴趣,帮助他们树立学习信心。

①曾钦泉.提升中职教育适应性的思考与实践[J].师道(教研),2024(16):173.

（二）学生的学习基础与能力特点

1.学习基础

中职学生的学习基础参差不齐，总体上文化基础知识相对薄弱。在初中阶段，他们可能在学习习惯、学习方法等方面存在不足，导致学习成绩不够理想。这给中职教育的教学带来了一定的挑战，需要教师根据学生的实际情况进行有针对性的教学。例如，在数学教学中，部分学生可能连基本的数学运算都不熟练，教师需要从基础知识开始，逐步引导学生掌握数学知识和技能。同时，教师还需要帮助学生培养良好的学习习惯，如按时完成作业、认真听讲、积极思考等。

2.学习能力

虽然部分学生文化基础知识薄弱，但他们在实践操作、动手能力等方面可能具有一定的优势。中职学生通常对实际操作类的课程更感兴趣，学习积极性也相对较高。他们善于通过亲身体验和实践来掌握知识和技能，具有较强的模仿能力和创造力。例如，在汽车维修专业，学生对汽车发动机的拆解和组装等实践课程表现出浓厚的兴趣，能够快速掌握操作技巧，并通过自己的思考和尝试，对一些维修方法进行创新。教师可以充分利用学生的这些优势，采用实践教学法，让学生在实践中学习，提高学习效果。

（三）学生的职业兴趣与发展需求

1.职业兴趣

中职学生在选择中职学校和专业时，往往带有一定的职业兴趣倾向。他们希望通过学习一门专业技能，为未来的职业发展打下基础。然而，由于年龄和阅历的限制，他们对职业的了解可能不够全面和深入，职业兴趣也可能不够稳定，容易受到外界因素的影响而发生变化。比如，有些学生可能因为看到某个职业的表面风光而选择了相关专业，但在学习过程中发现实际工作并非如此，从而对该专业失去兴趣。教师需要引导学生了解不同职业的特点和要求，帮助他们树立正确的职业观念，培养稳定的职业兴趣。

2.发展需求

中职学生希望在学校能够学到实用的专业技能，提高自己的就业竞争力，为将来顺利进入职场做好准备。同时，他们也渴望得到更多的关注和支持，提升自己的综合素质和能力，实现个人的成长和发展。部分学生还有继续升学深造的愿望,希望通过进一步学习提升自己的学历和知识水平。学校可以为学生提供丰富的学习资源和发展机会,如举办技能竞赛、开展社团活动、组织升学辅导等,满足学生的不同发展需求。例如,对于有升学意愿的学生,学校可以开设专门的升学辅导班,帮助他们提高文化成绩和专业水平;对于希望直接就业的学生,学校可以加强与企业的合作,为他们提供更多的实习和就业机会。

中职教育的学生群体具有独特的年龄、心理、学习基础和职业兴趣等特点。教师应充分了解这些特点,因材施教,采用合适的教学方法和手段,激发学生的学习兴趣和动力,满足学生的发展需求,促进学生的全面发展。只有这样,才能让每一位中职学生都能在自己的人生道路上绽放光彩,实现自己的人生价值。

三、中职教育课程

中职教育课程是实现中职教育目标的重要载体,犹如一座坚固的桥梁,连接着学生的知识学习与未来职业发展。合理的课程设置对于培养学生的职业技能和综合素质至关重要,它就像一幅精心绘制的蓝图,为学生的成长和发展指明了方向。

(一)课程设置的原则

1. 以就业为导向

中职教育课程设置紧密围绕就业市场需求,以培养学生的职业技能和就业能力为核心。课程内容应与职业岗位的要求紧密结合,使学生毕业后能够迅速适应工作岗位的需求。学校会根据市场调研和行业分析,及时调整专业设置和课程内容,确保学生所学知识和技能具有实用性和针对性。例如,随着互联网行业的快速发展,学校及时开设了电子商务、网络营销等专业,并相应地调整了课程内容,增加了电商运营、网络推广等实用课程。同时,学校还邀请企业专家参与课程开发,将企业的实际需求融入课程中,使学生所学知识与企业的实际工作紧密接轨。

2. 理论与实践相结合

注重理论教学与实践教学的有机结合,在传授专业理论知识的同时,加强实践教学环节,让学生通过实际操作来巩固和应用所学知识。实践教学可以包括实验、实训、实习等多种形式,为学生提供真实的职业环境和实践机会，提高学生的实际操作能力和解决问题的能力。比如，在护理专业，学生不仅要学习人体解剖学、生理学等理论知识，还要在学校的护理实训室进行大量的实践操作，如静脉穿刺、心肺复苏等。此外，学校还会安排学生到医院进行实习，让他们在真实的医疗环境中锻炼自己的专业技能和应急处理能力。

3.注重综合素质培养

除了专业技能的培养，中职教育课程还应注重学生综合素质的培养，包括职业道德、人文素养、团队合作能力、沟通能力等方面。通过开设相关课程和开展各种活动，培养学生的社会责任感和敬业精神，提高学生的综合素质和竞争力。例如，学校可以开设职业道德与法律、心理健康教育等课程，培养学生的道德观念和法律意识，提高学生的心理素质。同时，学校还可以组织学生参加社团活动、志愿服务等社会实践活动，培养学生的团队合作能力和沟通能力。①

（二）课程体系的构成

1.公共基础课

公共基础课是中职教育课程体系的重要组成部分，包括语文、数学、英语、计算机应用基础、体育与健康、心理健康、德育、历史等课程。这些课程旨在为学生提供必要的文化基础知识和基本技能，培养学生的综合素质和人文素养，为学生的职业发展和终身学习奠定基础。例如，语文课程可以提高学生的语言表达能力和文字理解能力，数学课程可以培养学生的逻辑思维能力和计算能力，英语课程可以为学生的国际交流和职业发展提供帮助。计算机应用基础课程可以让学生掌握计算机的基本操作和应用技能，适应信息化社会的发展需求。

2.专业课

专业课是中职教育课程体系的核心，根据不同的专业设置，包括专业技术技能课和专业理论课。专业技术技能课注重培养学生的实际操作能力和职业技能，通过实践教学让学生掌握专业技能和操作规范。专业理论课则为学生提供专业领域的理论知识，帮助学生理解和掌握专业技能的原理和方法。以机械制造专业为例，专业技术技能课包括机床操作、钳工工

①李玮炜，肖霞，贺定修．现代职业教育创新实践研究[M]．青岛：中国海洋大学出版社，2022：54.

艺、焊接技术等，学生通过实际操作来掌握这些技能；专业理论课包括机械制图、机械原理、金属材料与热处理等，学生通过学习这些理论知识来理解机械制造的原理和方法。

3. 实践教学课程

实践教学课程是中职教育的特色之一，包括实验、实训、实习等环节。实验课程主要在学校的实验室进行，让学生通过实验操作验证所学的理论知识，培养学生的动手能力和科学思维能力。实训课程通常在学校的实训基地或校外合作企业进行，为学生提供模拟或真实的职业环境，让学生在实践中提高专业技能和职业素养。实习课程则安排学生到企业进行实际工作，让学生了解企业的生产流程和工作要求，积累工作经验，为毕业后的就业做好准备。例如，在动漫设计专业，实验课程可以让学生通过计算机软件进行动画制作实验，验证所学的动画设计理论知识；实训课程可以在学校的动漫实训基地进行，让学生在模拟的动漫制作环境中进行项目实践；实习课程可以安排学生到动漫企业进行实习，参与企业的实际项目制作，了解动漫行业的发展动态和企业的工作要求。

（三）课程改革与发展趋势

1. 课程内容的更新与优化

随着科技的不断进步和产业的快速发展，中职教育课程内容需要不断更新和优化。学校应加强与企业的合作，邀请行业专家参与课程开发，及时了解行业的最新动态和技术发展趋势，将新知识、新技术、新工艺融入课程内容中，使课程内容与时俱进，符合市场需求。例如，随着人工智能技术的广泛应用，学校可以在相关专业中增加人工智能基础、机器学习等课程。同时，学校还可以引入企业的实际项目和案例，让学生在学习过程中接触到实际的工作场景和问题，提高学生解决实际问题的能力。

2. 教学方法的创新

为了提高教学效果，中职教育需要不断创新教学方法。教师可以采用项目式学习、案例教学、情景教学等多种教学方法，激发学生的学习兴趣和主动性，培养学生的自主学习能力和创新思维能力。同时，利用现代信息技术，开展线上线下混合式教学，丰富教学资源和教学手段，提高教学的效率和质量。例如，在电子商务专业，教师可以采用项目式学习方法，让学生以小组为单位完成一个电子商务项目，如开设网店、进行网络营销等。在项目实施过程中，学生需要自主学习相关知识和技能，解决遇到的问题，培养学生的团队合作能力和创新思维能力。同时，教师还可以利用在线教学平台，为学生提供丰富的学习资源，如教学视频、在线测试等，让学生可以随时随地进行学习。

3.跨学科课程的开发

随着社会对复合型人才的需求日益增加，中职教育开始注重跨学科课程的开发。通过整合不同学科的知识和技能，培养学生的综合能力和创新能力。例如，开发融合计算机技术、机械制造技术和自动化技术的智能制造跨学科课程，让学生掌握多学科的知识和技能，适应未来职业发展的需求。跨学科课程的开发可以打破学科界限，促进学科之间的交流与融合，培养学生的综合素养和创新能力。同时，学校还可以邀请不同学科的教师共同参与跨学科课程的教学，为学生提供更加全面的知识和技能培训。①

中职教育课程设置遵循以就业为导向、理论与实践相结合、注重综合素质培养的原则，课程体系由公共基础课、专业课和实践教学课程构成。随着时代的发展，中职教育课程需要不断改革和创新，更新课程内容，创新教学方法，开发跨学科课程，以适应社会经济发展的需求和学生的发展需要。只有不断优化课程设置，提高课程质量，才能培养出更多适应社会发展需求的高素质技术技能人才。

通过本节的学习，我们对中职教育有了清晰的认识。了解到中职教育以培养技能型人才为目标，其学生群体有着自身的特点和需求。中职教育课程也具有鲜明的职业导向性。这些认识为我们理解课程融合提供了必要的背景知识，让我们能更好地思考如何将不同学科知识融合，以提升中职教育的质量和学生的综合素质。

第二节　课程融合的概念与内涵

在中职教育不断发展的背景下，课程融合成为提升教学效果的重要途径。那么，什么是课程融合？它又包含哪些内涵呢？本节将为你揭开课程

①王好荣．中职教育质量评估与提升策略探讨[J]．科技风，2024(18):133-135.

融合的神秘面纱。我们将从概念入手，准确界定课程融合的范畴。接着深入探讨其内涵，从不同角度剖析课程融合的本质特征，帮助你全面理解这一新兴的教育理念。

一、课程融合的概念

在当今社会科技飞速发展、产业不断升级的大背景下，中职教育面临着新的挑战与机遇。传统的中职课堂教学存在着教学目标与岗位需求脱节、教学内容与生产任务分离等诸多问题，已难以满足经济社会发展对技术技能人才的需求。课程融合作为一种创新的教育理念和教学模式应运而生，它旨在解决中职教育中现存的不匹配问题，为培养适应社会发展的高素质技术技能人才提供了新的途径。

（一）课程融合的定义

1.基于全要素融合的视角

所谓融合教学，也就是课程融合在教学层面的体现，是以德知技全面融通为目标，以校企行多主体联通为保障，以中职学校课堂教学、企业岗位生产和行业能力标准贯通为路径，在优化教学要素内涵的基础上实施的目标、内容、情境、过程和评价“五融合”教学活动。例如，在机械制造专业的课程融合中，不仅要让学生掌握机械制图、数控编程等专业知识（知），还要培养他们良好的职业道德和敬业精神（德），更要通过大量的实践操作使他们具备熟练的机床操作和零件加工技能（技）。同时，学校要与企业、行业紧密合作，让企业参与到课程设置和教学过程中，使教学目标与岗位要求、行业能力标准相融合，教学内容与企业的实际生产任务相契合，教学情境模拟企业的工作场景，教学过程遵循工作逻辑，教学评价也以企业和行业的标准为参考。

2.从社会建构和情境教学理论的应用角度

中职课程融合既是社会建构、情境教学等理论在职业教育领域的具体应用，也是面对服务学生全面发展和经济社会发展的新要求，中职教学主张与模式创新的一种有益尝试。社会建构理论强调知识是在社会互动中建构的，学生的学习是一个与他人合作、交流和协商的过程。在课程融合中，通过校企合作、师生互动等方式，为学生创造了一个良好的社会互动环境，让他们在与企业师傅、同学的交流合作中，共同建构知识和技能。

情境教学理论则认为学习应该发生在真实的情境中，这样才能更好地促进知识的迁移和应用。课程融合注重在学习场域中融入工作场景，或者在工作场域中融入教学要素，使学生在接近真实的工作情境中学习，提高他们的学习效果和职业适应能力。

（二）课程融合与传统教学的区别

1.教学目标的差异

传统教学目标往往侧重于知识的传授和技能的训练，与岗位需求、行业能力标准以及学生的全面发展结合不够紧密。而中职课程融合的教学目标则是把课程目标与岗位要求、行业能力标准及学生全面发展相融合，突出学生职业发展能力、社会适应能力和创新创业能力等目标。例如，在传统的计算机专业教学中，可能更注重计算机理论知识的讲解和编程技能的训练，而课程融合的教学目标则不仅如此，还会考虑到计算机行业的发展趋势和企业的实际需求，培养学生的团队合作能力、问题解决能力和创新思维能力，使学生毕业后能够快速适应工作岗位，并具备一定的职业发展潜力。

2.教学内容的不同

传统教学内容通常以教材为主要依据，相对固定和单一，与企业岗位工作任务联系不紧密。而课程融合的教学内容以真实的工作任务为载体，突破既有的传统教材特质，把多学科课程或教材内容与企业岗位工作任务相融合，由参与教学活动的多元主体一起创生并不断优化而形成的综合性学习任务。比如，在电子商务专业的课程融合中，教学内容不仅包括电子商务的理论知识，还会结合企业的实际电商运营项目，如网店开设、网络营销、客户服务等，让学生在实践中学习和掌握相关知识和技能，同时融合市场营销、计算机技术、物流管理等多学科的知识，培养学生的综合应用能力。

3.教学情境的变化

传统教学情境主要以学校的教室为主，与实际工作场景脱节，学生难以将所学知识和技能应用到实际工作中。中职课程融合的教学情境是以系统提炼工作元素为基础，在学习场域中融入工作场景，或者在工作场域中融入教学要素，形成符合工作要求、促进合作学习的教学情境。其最理想的发生空间在于“厂中校”或者“校中厂”，因为师生在“厂中校”“校中厂”中的代入感最强，技术技能的迁移性也最好。例如，在汽车维修专业的课程融合中，学校可以与汽车维修企业合作建立“校中厂”，让学生在“校中厂”里进行汽车维修的实践操作，这里的环境和设备与实际的汽车维修厂相似，学生可以接触到真实的汽车故障和维修任务，能够更好地将所学知识和技能应用到实际工作中，提高他们的职业技能和解决实际问题的能力。

课程融合是一种以德知技全面融通为目标，以校企行多主体联通为保障，以多方面贯通为路径的创新教学模式。它与传统教学在教学目标、教学内容和教学情境等方面存在显著差异，能够有效解决中职教育中现存的不匹配问题，为培养适应社会发展的高素质技术技能人才提供有力支持。通过课程融合，中职教育能够更好地满足经济社会发展对技术技能人才的需求，提高学生的职业发展能力和社会适应能力。

二、课程融合的内涵

深入理解课程融合的内涵，有助于我们更好地把握课程融合的本质和核心，从而在中职教育中更有效地实施课程融合，提高人才培养质量。课程融合不仅仅是课程内容的简单拼凑，而是涉及教学的各个方面，包括目标、内容、情境、过程和评价等，是一个系统的、全面的变革。

（一）课程融合的目标内涵

1.培养全面发展的人才

课程融合的首要目标是培养德知技全面发展的人才。在知识方面，要让学生掌握多学科的知识，打破学科界限，形成综合性的知识体系。例如，在建筑工程专业的课程融合中，学生不仅要学习建筑力学、建筑结构等专业知识，还要了解工程管理、工程造价、建筑法规等相关知识，使他们具备全面的建筑工程知识素养。在技能方面，要注重培养学生的实践操作能力和创新能力，让他们能够熟练运用所学知识解决实际问题，并具备一定的创新思维和创新方法，能够在工作中不断改进和创新。在品德方面，要加强职业道德教育，培养学生的职业责任感、敬业精神和团队合作意识，使他们成为有道德、有素养的劳动者。

2.满足社会和经济发展需求

课程融合要紧密围绕社会和经济发展的需求，培养适应产业升级和技术变革的高素质技术技能人才。随着科技的不断进步和产业的快速发展，社会对人才的需求越来越多样化和高端化。中职教育作为培养技术技能人才的重要阵地，要通过课程融合，及时调整教学内容和教学方法，使学生所学知识和技能与社会和经济发展的需求相匹配。例如，随着人工智能、大数据、物联网等新兴技术的兴起，中职学校可以在相关专业的课程融合中增加这些新技术的内容，培养学生掌握新兴技术的能力，为新兴产业的发展提供人才支持。

3.促进学生的职业发展

课程融合的目标还包括促进学生的职业发展，为学生的未来职业道路奠定坚实的基础。通过课程融合，使教学目标与岗位要求、行业能力标准相融合，让学生在学习过程中明确自己的职业方向和职业目标，掌握相应的职业技能和职业素养。同时，课程融合还可以为学生提供更多的职业发展机会，如通过与企业的合作，为学生提供实习、就业和升学的渠道，使学生能够顺利进入职场，并在职业发展中不断提升自己。例如，在旅游服务与管理专业的课程融合中，学校可以与旅游企业合作，为学生提供实习机会，让学生在实习中了解旅游行业的工作流程和职业要求，积累工作经验，提高职业竞争力。同时，对于有升学意愿的学生，学校可以提供相关的升学辅导和培训，帮助他们升入高等职业院校继续深造，提升自己的学历层次和专业水平。

（二）课程融合的内容内涵

1.多学科知识的融合

课程融合强调多学科知识的融合，打破传统学科之间的界限，实现知识的整合和交叉。在中职教育中，不同专业的课程融合涉及多个学科的知识。例如，在动漫设计专业的课程融合中，需要融合美术、计算机科学、文学、心理学等多学科的知识。美术知识用于动漫角色设计、场景绘制等方面，计算机科学知识用于动漫制作软件的操作和动画编程，文学知识用于编写动漫剧本和故事情节，心理学知识用于理解受众的心理需求和审美偏好，使动漫作品更具吸引力和感染力。通过多学科知识的融合，学生能够从不同的角度看待问题，拓宽自己的思维视野，提高综合分析和解决问题的能力。

2.理论与实践的结合

课程融合注重理论与实践的结合,将理论知识与实际工作任务紧密联系起来。在教学过程中,不仅要传授学生专业理论知识,还要通过大量的实践教学环节,让学生在实践中验证和应用所学理论知识,提高他们的实践操作能力。例如,在机械制造专业的课程融合中,学生在学习机械制图、机械原理等理论知识的同时,要通过机床操作实训、零件加工实训等实践课程,将理论知识转化为实际技能。同时,学校可以与企业合作,让学生参与企业的实际生产项目,使他们在真实的工作环境中积累实践经验,提高解决实际问题的能力。

3.教学内容与企业需求的对接

课程融合要求教学内容与企业需求紧密对接,以企业的实际生产任务为导向,及时更新教学内容。学校要加强与企业的合作,邀请企业专家参与课程开发和教学过程,了解企业的最新技术、工艺和管理模式,将企业的实际需求融入教学内容中。例如,在电子信息技术专业的课程融合中,学校可以与电子企业合作,根据企业的产品研发和生产需求,开设相关的课程和实训项目,如电子产品设计与制作、电子电路调试与维修等。同时,企业可以为学校提供最新的电子设备和生产工艺资料,使教学内容与企业的实际生产保持同步,提高学生的职业适应能力。

(三)课程融合的情境内涵

1.学习场域与工作场景的融合

课程融合注重学习场域与工作场景的融合,使学生在接近真实的工作情境中学习。在学习场域中融入工作场景,或者在工作场域中融入教学要素,形成符合工作要求、促进合作学习的教学情境。例如,学校可以建立校内实训基地,模拟企业的工作环境和生产流程,让学生在实训基地中进行实践操作。同时,学校还可以与企业合作,建立校外实习基地,让学生到企业的实际工作岗位上进行实习,亲身体验企业的工作氛围和工作要求。在这种融合的情境中,学生能够更好地理解和掌握所学知识和技能,提高他们的职业素养和职业适应能力。

2.营造合作学习的氛围

课程融合强调合作学习,通过营造合作学习的氛围,培养学生的团队合作能力和沟通能力。在教学过程中,教师可以采用小组合作学习的方式，让学生分组完成项目任务。例如，在市场营销专业的课程融合中，教师可以布置一个市场调研和营销策划项目，让学生分组进行市场调研、数据分析、营销方案制定等工作。在小组合作中，学生需要相互沟通、协作，共同解决问题，提高他们的团队合作能力和沟通能力。同时，合作学习还可以促进学生之间的知识共享和思想碰撞，激发学生的创新思维。

3.促进技术技能的迁移

课程融合的情境内涵还包括促进技术技能的迁移，使学生能够将在学习情境中所学的知识和技能应用到实际工作情境中。通过学习场域与工作场景的融合，以及营造合作学习的氛围，为学生提供了更多的实践机会和迁移情境。例如，在烹饪专业的课程融合中，学生在学校的实训厨房中学习烹饪技能，通过模拟餐厅的工作场景进行实践操作。当学生到餐厅实习或就业时，他们能够将在学校所学的烹饪技能和服务技能快速迁移到实际工作中，提高工作效率和工作质量。

（四）课程融合的过程内涵

1.以工作逻辑为主线

课程融合的教学过程以工作逻辑为主线，把认知学习与生产实践相融合。在教学过程中，教师要按照工作的实际流程和逻辑顺序来组织教学内容和教学活动，让学生在学习过程中体验到工作的真实过程。例如，在汽车维修专业的课程融合中，教师可以按照汽车故障诊断、维修方案制定、维修操作、质量检验等工作流程来设计教学过程。学生在学习过程中，要像汽车维修技师一样，按照工作逻辑进行操作，提高他们的职业思维能力和职业操作能力。

2.课内外贯通与多主体协同

课程融合强调课内外贯通和多主体协同。在教学过程中，不仅要注重课堂教学，还要引导学生进行课外学习和实践。例如，学校可以组织学生参加技能竞赛、社团活动、社会实践等，让学生在课外拓展自己的知识和技能。同时，课程融合需要学校、企业、行业等多主体的协同合作。学校要与企业、行业建立紧密的合作关系，共同制定人才培养方案、开发课程、组织教学和评价等。例如，在服装设计专业的课程融合中，学校可以与服装企业合作，让企业的设计师参与到教学过程中，为学生传授最新的设计理念和设计方法。同时，学校还可以组织学生到企业进行实习，让学生在企业的实际工作环境中学习和成长。

3."四阶"递进的学习模式

课程融合的教学过程通常采用"目标商定—任务创生—生产实践—展示评价"的"四阶"递进学习模式。在目标商定阶段,教师和学生共同确定学习目标和任务要求,使学生明确学习的方向和目标。在任务创生阶段,教师引导学生根据学习目标和任务要求,创生出具体的学习任务和解决方案。在生产实践阶段,学生按照任务要求进行实践操作,完成学习任务。在展示评价阶段,学生展示自己的学习成果,教师和企业专家对学生的学习成果进行评价和反馈,帮助学生总结经验,改进不足。例如,在软件开发专业的课程融合中,教师和学生共同商定软件开发项目的目标和要求,然后学生分组创生出具体的软件开发任务和方案,接着学生进行软件开发实践,最后学生展示自己的软件作品,教师和企业专家对软件的功能、性能、用户体验等方面进行评价和反馈。

(五)课程融合的评价内涵

1.多维立体的评价方式

课程融合采用多维立体的评价方式,综合考虑知识习得、技能掌握、素质提升等多个方面。评价主体不仅包括教师,还包括企业专家、学生自己和同学。评价内容不仅包括学生的学习成绩,还包括学生的实践能力、创新能力、团队合作能力、职业道德等方面。例如,在评价学生的汽车维修技能时,教师可以根据学生在实训中的操作表现、故障诊断能力等进行评价,企业专家可以根据学生在实习中的工作表现、解决实际问题的能力等进行评价,学生自己可以对自己的学习过程和学习成果进行自我评价,同学之间可以进行互评,评价彼此的团队合作能力和沟通能力等。

2.以增值评价为重点

课程融合注重以增值评价为重点,关注学生在学习过程中的进步和发展。增值评价不仅考虑学生的学习结果,还考虑学生的学习起点和学习过程,通过比较学生在不同阶段的学习表现,评价学生的学习进步情况。例如,在评价学生的计算机编程能力时,教师可以通过比较学生在课程开始时和课程结束时的编程水平,以及学生在学习过程中的作业完成情况、项目实践表现等,评价学生的编程能力提升情况。以增值评价为重点,可以激发学生的学习动力,促进学生的持续发展。

3.评价结果的反馈与应用

课程融合强调评价结果的反馈与应用,通过及时的反馈,让学生了解自己的学习情况和存在的问题,以便及时改进。同时,评价结果还可以为教学改进提供依据,教师可以根据评价结果调整教学内容和教学方法,提高教学质量。例如,教师可以将评价结果反馈给学生,让学生知道自己在哪些方面表现优秀,哪些方面还需要改进。同时,教师可以根据评价结果分析教学中存在的问题,如教学内容是否合理、教学方法是否有效等,然后进行针对性的改进。

课程融合的内涵丰富而全面,涵盖了目标、内容、情境、过程和评价等多个方面。其目标是培养全面发展的人才,满足社会和经济发展需求,促进学生的职业发展;内容强调多学科知识融合、理论与实践结合以及与企业需求对接;情境注重学习场域与工作场景融合、营造合作学习氛围和促进技术技能迁移;过程以工作逻辑为主线,采用课内外贯通、多主体协同和“四阶”递进的学习模式;评价采用多维立体方式,以增值评价为重点,并注重评价结果的反馈与应用。深入理解和把握课程融合的内涵,对于推动中职教育教学改革,提高人才培养质量具有重要的意义。①

本节对课程融合的概念与内涵进行了深入剖析。我们明确了课程融合是打破学科界限,实现知识整合与教学创新的过程。其内涵丰富,涉及教学目标、内容、方法等多个层面。理解课程融合的概念与内涵,有助于我们在中职教育中更好地实施课程融合,提高教学的针对性和实效性,为学生提供更优质的教育。

第三节　课程融合的理论依据

任何一种教育理念和实践都需要坚实的理论支撑,课程融合也不例外。本节将从哲学、教育学、心理学三个角度,深入探讨课程融合的理论依据。哲学为课程融合提供了世界观和方法论的指导;教育学理论则关注课程融合在教学过程中的具体应用;心理学依据则从学生的认知规律出

①曾剑.核心素养导向的学校课程融合策略[J].教育科学论坛,2023(16):66-68.

发，解释课程融合对学生学习的积极影响。通过对这些理论依据的探讨，我们能更深入地理解课程融合的科学性。

一、哲学依据

哲学作为一门对世界本质、人类思维和价值观念进行深入探究的学科，为中职教育课程融合提供了根本性的指导和深层次的思考框架。它有助于我们从宏观和微观层面理解课程融合的本质、目标和意义，为课程融合的实践提供坚实的理论支撑。

（一）辩证唯物主义认识论的指导

1.认识与实践的统一

辩证唯物主义认识论强调认识与实践的辩证统一关系。在中职教育课程融合中，这意味着学生的学习不能仅仅停留在理论知识的层面，而必须与实践紧密结合。例如，在机械制造专业的课程融合中，学生不仅要学习机械制图、机械原理等理论知识，还要通过机床操作实训、零件加工实训等实践活动，将理论知识应用到实际操作中，从而加深对知识的理解和掌握。同时，实践过程中遇到的问题又会促使学生进一步学习和研究理论知识，推动认识的深化。这种认识与实践的循环往复，不断促进学生知识和技能的提升，实现课程融合中知识与技能的有机统一。

2.认识的发展过程

认识是一个由浅入深、由感性到理性的发展过程。在中职课程融合中，学生对知识和技能的掌握也遵循这一规律。教师应根据学生的认知发展特点，设计合理的教学过程。例如，在汽车维修专业的课程融合中，一开始可以通过让学生观察汽车的外观、结构等感性认识，激发他们的学习兴趣。然后，逐步引导学生学习汽车的工作原理、故障诊断方法等理性知识。最后，通过实际维修操作，让学生将理性知识应用到实践中，实现认识的飞跃。同时，在教学过程中，要注重培养学生的自主学习能力和创新思维能力，使他们能够在不断学习和实践中，不断拓展和深化自己的认识。

（二）哲学对人生观和价值观培养的作用

1.树立正确的人生观

中职教育不仅要培养学生的专业技能，还要注重培养学生的综合素质，其中树立正确的人生观是至关重要的。哲学能够帮助学生思考人生的意义和价值，引导他们树立积极向上的人生观。例如，通过哲学课程的学习，学生可以了解到不同的人生哲学观点，如儒家的“修身齐家治国平天下”、道家的“顺应自然”等，从而从中汲取智慧，结合自己的实际情况，确立自己的人生目标和追求。在职业发展中，正确的人生观能够使学生明确自己的职业方向，保持积极的工作态度，勇于面对困难和挑战，实现自己的人生价值。

2. 形成正确的价值观

在当今多元化的社会中，中职学生面临着各种价值观的冲击。哲学教育可以帮助学生分辨是非善恶，形成正确的价值观。例如，在职业道德教育中，融入哲学的思考，可以让学生深刻理解职业道德的内涵和重要性。从哲学的角度来看，职业道德不仅仅是一种行为规范，更是一种对职业的尊重和对社会的责任。通过哲学教育，学生能够树立正确的职业价值观，在工作中遵守职业道德规范，做到诚实守信、敬业奉献，为社会的发展作出贡献。

（三）哲学对课程融合中思维方式的影响

1. 培养辩证思维

哲学注重培养辩证思维，即全面、联系、发展地看待问题的思维方式。在中职课程融合中，辩证思维能够帮助学生更好地理解和处理各种复杂的关系。例如，在课程融合中，涉及多学科知识的融合、教学目标与岗位需求的融合等多个方面。学生需要运用辩证思维，分析各学科知识之间的联系和区别，找到它们的结合点；同时，要正确处理教学目标与岗位需求之间的关系，既要考虑到岗位的实际需求，又要注重学生的全面发展。通过培养辩证思维，学生能够提高自己的分析问题和解决问题的能力，更好地适应课程融合的要求。

2. 激发创新思维

哲学的思考方式能够激发学生的创新思维。创新是推动社会发展和进步的重要动力，在中职教育中培养学生的创新思维具有重要意义。哲学鼓励学生对传统观念和既有知识进行质疑和反思，打破思维定式，从而为创新提供可能。例如，在课程融合中，教师可以引导学生从哲学的角度思考问题，鼓励他们提出新的观点和方法。在服装设计专业的课程融合中，学生可以运用哲学的审美观念和创新思维,设计出具有独特风格和创意的服装作品。通过哲学教育,培养学生的创新思维,能够提高学生的综合素质和竞争力,为他们的未来职业发展打下坚实的基础。

哲学为中职教育课程融合提供了多方面的理论依据。辩证唯物主义认识论指导了课程融合中认识与实践的统一以及认识的发展过程;哲学对人生观和价值观的培养有助于提高学生的综合素质,使他们在职业发展和个人生活中能够树立正确的方向;哲学对思维方式的影响,如培养辩证思维和激发创新思维,能够提高学生分析问题和解决问题的能力以及创新能力。因此,在中职课程融合中,应充分发挥哲学的指导作用,促进课程融合的有效实施和学生的全面发展。

二、教育学依据

教育学的相关理论为中职教育课程融合提供了具体的指导方向和方法,使课程融合能够更好地实现教育目标,培养出符合社会需求的高素质人才。从教育目标的设定到教学过程的组织,再到教学评价的实施,教育学理论都发挥着重要的作用。

(一)教育目标理论与课程融合

1.培养全面素质和综合能力

教育学中强调培养学生的全面素质和综合能力是教育的核心目标,而课程融合正是实现这一目标的重要途径。中职教育课程融合通过将多学科知识和技能进行整合,打破传统学科界限,使学生能够获得更加全面和系统的知识。例如,在旅游服务与管理专业的课程融合中,不仅涉及旅游地理、旅游文化等学科知识,还融入了市场营销、财务管理等方面的内容,培养学生具备旅游服务、管理、营销等多方面的综合能力。这种全面素质和综合能力的培养,有助于学生更好地适应社会多元化的需求,提高他们的社会竞争力。

2.满足个体差异和个性化发展

每个学生都有自己独特的学习背景、兴趣和能力,教育学关注学生的个体差异,倡导个性化教育。中职课程融合能够为学生提供更加多样化的学习选择和途径,满足他们的个性化发展需求。学校可以根据学生的兴趣和特长,设置不同的课程模块和选修课程,让学生能够选择适合自己的学习内容。比如,在计算机专业的课程融合中,对于对编程感兴趣的学生,可以提供编程语言、软件开发等相关课程;对于对设计感兴趣的学生,可以开设图形设计、网页设计等课程。通过这种方式,使每个学生都能在自己擅长的领域得到充分发展,提高学习的积极性和主动性。

(二)教学过程理论与课程融合

1.情境教学与学习场域融合

情境教学理论认为,学习应该发生在真实的情境中,这样才能更好地促进知识的迁移和应用。中职课程融合注重在学习场域中融入工作场景,或者在工作场域中融入教学要素,形成符合工作要求、促进合作学习的教学情境。例如,在酒店管理专业的课程融合中,可以在学校建立模拟酒店实训室,模拟酒店的前台、客房、餐厅等工作场景,让学生在真实的情境中进行服务技能的训练和实践。同时,还可以组织学生到实际的酒店进行实习,让他们在工作场域中接受教学指导,将所学知识应用到实际工作中。这种情境教学和学习场域的融合,能够提高学生的学习效果和职业适应能力。

2.以工作逻辑为主线的教学过程

教学过程理论强调教学应该遵循一定的逻辑顺序,以帮助学生更好地理解和掌握知识。在中职课程融合中,以工作逻辑为主线来组织教学过程是一种有效的方法。例如,在汽车维修专业的课程融合中,按照汽车故障诊断、维修方案制定、维修操作、质量检验等工作流程来设计教学内容和教学活动。学生在学习过程中,就像汽车维修技师一样,按照工作逻辑进行操作,提高他们的职业思维能力和职业操作能力。同时,这种教学过程还能够让学生体验到工作的真实过程,增强他们的职业认同感和责任感。

(三)教学评价理论与课程融合

1.多维立体评价与增值评价

科学的教学评价能够真实反映教学目标的达成度,引导并促进教学活动的优化。中职课程融合采用多维立体的评价方式,综合考虑知识习得、技能掌握、素质提升等多个方面。评价主体不仅包括教师,还包括企业专家、学生自己和同学。例如,在评价学生的烹饪技能时,教师可以根据学生在实训中的操作表现、菜品质量等进行评价,企业专家可以根据学生在实习中的工作表现、顾客反馈等进行评价，学生自己可以对自己的学习过程和学习成果进行自我评价，同学之间可以进行互评，评价彼此的团队合作能力和沟通能力等。同时，课程融合注重以增值评价为重点，关注学生在学习过程中的进步和发展。通过比较学生在不同阶段的学习表现，评价学生的学习进步情况，激发学生的学习动力。

2.评价结果的反馈与教学改进

教学评价的目的不仅是为了评估学生的学习成果，更重要的是为了反馈教学信息，促进教学改进。在中职课程融合中，评价结果应该及时反馈给教师和学生。教师可以根据评价结果分析教学中存在的问题，如教学内容是否合理、教学方法是否有效等，然后进行针对性的改进。例如，如果评价结果显示学生在某一知识点上掌握得不够好，教师可以调整教学方法，增加相关的练习和辅导。对于学生来说，评价结果可以让他们了解自己的学习情况和存在的问题，以便及时调整学习策略，提高学习效果。

教育学依据为中职教育课程融合提供了多方面的支持。教育目标理论指导课程融合培养学生的全面素质和综合能力，满足个体差异和个性化发展需求；教学过程理论为课程融合提供了情境教学、以工作逻辑为主线等教学方法和组织方式；教学评价理论则强调多维立体评价和增值评价，以及评价结果的反馈与教学改进。通过遵循教育学依据，中职课程融合能够更加科学、有效地实施，提高教育教学质量，培养出适应社会发展的高素质技术技能人才。

三、心理学依据

心理学为中职教育课程融合提供了关于学生心理发展规律和学习心理的理论支持，有助于教师更好地了解学生的心理特点和需求，从而设计出更符合学生心理的课程融合方案，提高教学效果和学生的学习体验。

（一）中职生心理发展特点与课程融合

1.心理阶段性明显与课程适配

中职生正处于青春期，身心快速变化，情感、认知和社交需求急剧增加，心理阶段性明显。课程融合应根据学生不同阶段的心理特点进行设计。例如，在学生入学初期，他们可能对新环境感到陌生和好奇，课程融合可以设置一些趣味性和适应性强的内容，帮助学生尽快适应中职生活。

随着学习的深入，学生的认知能力逐渐提高，课程可以增加一些专业性和挑战性的知识和技能，满足他们的学习需求。如在机械制造专业课程融合中，对于低年级学生可以先从简单的机械模型制作开始，培养他们的动手能力和兴趣；对于高年级学生则可以引入复杂的机械设计和编程等内容，提升他们的专业技能和创新思维。

2.情绪波动较大与学习引导

中职生情感丰富但不稳定，易受外界影响，容易出现焦虑、抑郁等情绪问题。在课程融合中，要关注学生的情绪变化，引导他们正确管理情绪。教师可以通过设置心理健康教育课程模块，或者在专业课程中融入情绪管理的内容，帮助学生学会觉察、接纳、表达和调节自己的情绪。比如，在旅游服务与管理专业的课程融合中，当学生面对游客的投诉等压力情况时，能够运用所学的情绪管理方法，保持冷静和专业的服务态度。

3.自我意识增强与个性化课程设计

中职生开始关注自我，思考自我价值，但容易陷入自我中心，缺乏客观评价。课程融合应尊重学生的自我意识，提供个性化的学习选择和空间，让学生能够根据自己的兴趣和特长进行学习。学校可以开设选修课程、社团活动等，满足学生不同的发展需求。例如，在计算机专业的课程融合中，对于对网络安全感兴趣的学生，可以提供相关的深入学习课程和实践项目，让他们在自己擅长的领域中发展，增强自信心和自我认同感。

4.面临多重压力与压力缓解课程

学业、就业、社交等多重压力交织，导致中职生心理压力较大。课程融合可以设置压力缓解的内容和活动，帮助学生应对压力。例如，安排时间管理、放松训练等课程，教导学生合理规划时间，学会放松的方法，如渐进性肌肉松弛、冥想等。同时，在实践教学中，模拟真实的工作场景和压力情境，让学生提前适应并学会应对。在酒店管理专业的课程融合中，通过模拟酒店繁忙时段的工作场景，锻炼学生的应变能力和抗压能力。

（二）学习心理理论与课程融合

1.学习动机激发与课程吸引力

根据学习动机理论，中职课程融合要激发学生的学习动机。可以采用ARCS模型，即注意（Attention）、关联（Relevance）、信心（Confidence）和满足（Satisfaction）。在课程设计上，要吸引学生的注意力，例如采用生动有趣的教学方法、案例和多媒体资源。同时，使课程内容与学生的兴趣、职业目标和生活实际相关联，让学生感受到学习的价值。如在服装设计专业的课程融合中，引入时尚潮流元素和实际的设计项目，让学生看到自己所学知识在实际生活中的应用，增强他们的学习动力。此外，要帮助学生建立信心，通过设置合理的学习目标和评价体系，让学生在学习过程中不断获得成就感。最后，给予学生及时的反馈和奖励，满足他们的学习需求和成就感，进一步激发学习动机。

2.认知发展规律与知识呈现

中职生的认知发展是一个逐步提高的过程，课程融合要遵循这一规律进行知识的呈现。从简单到复杂，从具体到抽象，逐步引导学生学习。在课程设计中，可以采用任务驱动、项目式学习等方法，让学生在实践中学习和掌握知识。例如，在电子信息技术专业的课程融合中，先让学生进行简单的电子电路组装实验，了解电子元件的基本原理和使用方法；然后逐渐引导学生进行电子设备的故障诊断和维修，提高他们的综合应用能力。同时，要注重知识的系统性和逻辑性，帮助学生构建完整的知识体系。

（三）心理调适策略与课程融合实践

1.情绪管理融入课程

在课程融合实践中，将情绪管理策略融入教学过程。教师可以在课堂上引导学生觉察自己的情绪状态，当学生出现紧张、焦虑等情绪时，及时给予关注和指导。通过组织情绪管理的活动和训练，如角色扮演、小组讨论等，让学生学会应对不同情绪的方法。在旅游服务与管理专业的课程融合中，通过模拟游客刁难的场景，让学生练习如何控制自己的情绪，以良好的态度服务游客。

2.有效沟通技巧培养

沟通能力是中职生在学习和未来工作中必备的技能。课程融合要注重培养学生的有效沟通技巧，包括倾听技巧、表达技巧和非语言沟通等方面。可以通过设置专门的沟通课程模块，或者在专业课程的实践项目中，强调沟通的重要性并进行训练。例如，在市场营销专业的课程融合中，组织学生进行市场调研和客户推广活动，让他们在与客户的沟通中提高沟通能力。同时，教育学生注意自己的姿态、表情等非语言信号，传递积极信息，避免产生误解。

3.压力缓解实操课程设置

课程融合可以设置压力缓解实操课程，如时间管理指导、放松训练、自我认知和寻求支持等内容。通过时间管理课程，帮助学生合理安排学习和生活时间，减少不必要的压力和焦虑。放松训练课程则教导学生掌握放松的方法，如深呼吸、冥想等，缓解身体和心理的紧张。自我认知课程让学生了解自己的压力来源，并找到适合自己的应对方式。寻求支持课程鼓励学生积极寻求外部支持，如与朋友、家人或心理咨询师交流。在汽车维修专业的课程融合中，面对紧张的实训和考试压力，学生可以运用所学的压力缓解方法，保持良好的学习状态。

心理学依据为中职教育课程融合提供了重要的指导。了解中职生的心理发展特点和学习心理规律，有助于课程融合更好地适应学生的需求，激发学生的学习兴趣和动力。通过将心理调适策略融入课程融合实践，能够帮助学生更好地应对学习和生活中的压力，提高他们的心理素质和综合能力，促进学生的全面发展。①

通过对课程融合理论依据的学习，我们认识到课程融合并非凭空而来，而是有其深厚的理论根基。哲学、教育学、心理学等多学科的理论为课程融合提供了坚实的支撑。这些理论依据让我们坚信，在中职教育中推行课程融合是符合教育规律和学生发展需求的，能够为中职教育带来新的活力和发展机遇。

第四节　中职教育课程融合的特点与要求

中职教育具有自身的独特性，这决定了其课程融合也有别于其他教育阶段。本节将聚焦中职教育课程融合的特点与要求。了解这些特点，能让我们更好地把握中职课程融合的方向。明确要求则为我们在实践中实施课程融合提供了行动指南，确保课程融合能真正服务于中职教育的目标和学生的成长。

①李巧．课程融合育人的实现路径探析[J]．教学管理与教育研究，2022(13)：12-13.

一、中职教育课程融合的特点

在职业教育不断发展的当下，中职教育课程融合成为推动教学改革、提高人才培养质量的重要举措。它具有独特的内涵和显著的特点，与传统教学模式形成鲜明对比，能够更好地适应社会经济发展对技术技能人才的需求。

（一）目标融合性

1.与岗位要求和行业标准对接

融合教学目标是在专业人才培养目标引领下对学生预期学习结果的描述，对教学活动的组织实施具有导向作用。它主要把课程目标与岗位要求、行业能力标准及学生全面发展相融合，突出学生职业发展能力、社会适应能力和创新创业能力等目标。与传统教学目标不同，中职融合教学目标要求教学活动的设计者更加了解岗位能力结构和产业人才需求、社会生活需求，以及这些需求可能的变化趋势，为增强人才培养的适应性创造条件。例如，在机械制造专业的课程融合中，教学目标会紧密结合机械制造行业的岗位要求，如对零件加工精度、生产效率等方面的要求，同时融入行业的新技术、新工艺，培养学生符合行业标准的专业技能和职业素养。

2.促进学生全面和可持续发展

课程融合不仅关注学生专业知识和技能的培养，还注重学生综合素质的提升，以促进学生的全面和可持续发展。通过融合不同学科的知识和技能，培养学生的创新思维、团队合作能力和沟通能力等。在旅游服务与管理专业的课程融合中，除了传授旅游专业知识和服务技能外，还会融入市场营销、财务管理等方面的知识，以及培养学生的应变能力和客户服务意识，使学生在未来的职业发展中能够更好地适应不同的工作环境和岗位需求。

（二）内容综合性

1.多学科知识与技能融合

融合教学内容以真实的工作任务为载体，突破固有的传统教材特质，把多学科课程或教材内容与企业岗位工作任务相融合，由参与教学活动的多元主体一起创生并不断优化而形成的综合性学习任务。其最大特点是多元主体协作下的多学科知识、技能的融合，指向学生全面发展和可持续发展。例如，在电子信息技术专业的课程融合中，会将电子电路、计算机编程、通信技术等多学科知识和技能融合在一起，通过实际的电子项目开发，让学生在实践中掌握综合运用多学科知识解决问题的能力。

2. 直接经验与间接经验重组

传统的学科教学倚重于单向传递的间接经验，要求学生在短时间内掌握教材上所呈现的学科知识，学生往往知道怎么做，但不一定会做。而融合教学的目的是要求学生不仅知道怎么做，还要会做，以掌握直接经验为主，但并不否认间接经验的作用，进而完成了直接经验与间接经验的认知重组。在汽车维修专业的课程融合中，学生既会学习汽车维修的理论知识（间接经验），又会通过实际的汽车维修操作（直接经验），将理论知识应用到实践中，加深对知识的理解和掌握。

（三）情境真实性

1. 学习场域与工作场景结合

中职融合教学情境是以系统提炼工作元素为基础，在学习场域中融入工作场景，或者在工作场域中融入教学要素，形成符合工作要求、促进合作学习的教学情境。其最理想的发生空间在于"厂中校"或者"校中厂"，因为师生在"厂中校""校中厂"中的代入感最强，技术技能的迁移性也最好。例如，在酒店管理专业的课程融合中，学校可以建立模拟酒店实训室，模拟酒店的前台、客房、餐厅等工作场景，让学生在真实的情境中进行服务技能的训练和实践。同时，还可以组织学生到实际的酒店进行实习，让他们在工作场域中接受教学指导，将所学知识应用到实际工作中。

2. 增强学生职业认同感和责任感

通过创设真实的教学情境，让学生在接近实际工作的环境中学习和实践，能够增强学生的职业认同感和责任感。在学习过程中，学生能够更好地理解自己所学专业的职业特点和工作要求，从而更加明确自己的职业目标和发展方向。在烹饪专业的课程融合中，学生在学校的实训厨房和合作餐厅中进行实践操作，了解餐饮行业的工作流程和质量标准，体会到厨师的职业责任和使命，从而增强对烹饪职业的认同感和责任感。

（四）过程实践性

1. 以工作逻辑为主线

融合教学过程是以工作逻辑为主线，把认知学习与生产实践相融合，通过课内外贯通、多主体协同，在“目标商定—任务创生—生产实践—展示评价”的“四阶”递进中完成学习或生产任务。例如，在建筑工程专业的课程融合中，教学过程会按照建筑工程的实际施工流程来组织，从项目规划、设计、施工到质量验收等环节，让学生在实践中学习和掌握相关的知识和技能。

2. 主体角色和思维转换

在融合教学过程中，师生不仅是教学活动的参与者，也是企业岗位的实际生产者，还是教学与资源的创造者。同时，师生需要转换活动思维，用工作思维实施教学过程，把教学过程视作工作过程和创新实践过程。在市场营销专业的课程融合中，教师可以带领学生参与实际的市场调研和营销策划项目，让学生像市场营销人员一样思考和行动，提高学生的实践能力和创新思维能力。

（五）评价多维性

1. 多维立体评价方式

融合教学评价是立足中职教育教学实际实施的以增值评价为重点的多维立体评价，即知识习得评价与技能习得评价相融合，以素质为核心，聚焦学业水平的提高和生涯可持续发展，开展以增值评价为主的多元评价，促进每一位学生德知技协调发展。评价主体不仅包括教师，还包括企业专家、学生自己和同学。例如，在评价学生的服装制作技能时，教师可以根据学生在实训中的操作表现、作品质量等进行评价，企业专家可以根据企业的生产标准和市场需求对学生的作品进行评价，学生自己可以对自己的学习过程和进步情况进行自我评价，同学之间可以进行互评，评价彼此的团队合作能力和创新能力。

2. 突出增值评价

增值评价关注学生在学习过程中的进步和发展，而不仅仅是学习结果。通过对学生在不同阶段的学习表现进行比较和分析，评估学生的学习增值情况，能够更全面地反映学生的学习效果和潜力。在计算机编程专业的课程融合中，教师可以通过记录学生在课程开始和结束时的编程能力测试成绩、项目完成情况等，分析学生在学习过程中的进步幅度，为学生提供更有针对性的学习建议和指导。

中职教育课程融合具有目标融合性、内容综合性、情境真实性、过程实践性和评价多维性等特点。这些特点使得课程融合能够更好地满足社会经济发展对技术技能人才的需求，提高学生的综合素质和职业能力，促进学生的全面和可持续发展。与传统教学模式相比，课程融合更加注重实践、创新和综合素质的培养，能够为学生未来的职业发展打下坚实的基础。

二、中职教育课程融合的要求

为了确保中职教育课程融合的有效实施，达到预期的教学效果和人才培养目标，需要满足一系列的要求。这些要求涉及教育理念、教学资源、教师能力、教学管理等多个方面，是课程融合顺利推进的重要保障。

（一）教育理念更新

1. 树立融合教育观念

中职教育工作者要摒弃传统的单一学科教学观念，树立融合教育的理念，认识到课程融合对于培养适应社会发展需求的技术技能人才的重要性。要理解课程融合不仅仅是学科知识的简单叠加，而是在目标、内容、过程和评价等方面的全面融合，以促进学生的全面发展。学校可以通过组织教师培训、学术研讨等活动，引导教师转变教育观念，积极参与课程融合的实践。

2. 关注学生个性化发展

现代教育理念强调学生个性化发展，注重培养学生的实践能力与创新精神。在课程融合中，要关注学生的个体差异和兴趣爱好，为学生提供多样化的学习选择和发展路径。学校可以根据学生的兴趣和特长，设置不同的课程模块和选修课程，让学生能够选择适合自己的学习内容。在计算机专业的课程融合中，对于对编程感兴趣的学生，可以提供编程语言、软件开发等相关课程；对于对设计感兴趣的学生，可以开设图形设计、网页设计等课程。

（二）教学资源整合

1. 校企合作共建资源

加强学校与企业的合作，是整合教学资源的重要途径。企业拥有丰富的实践资源和行业经验，学校可以与企业合作共建实训基地、开发教学案例和教材等。在汽车维修专业的课程融合中，学校可以与汽车维修企业合作，建立校外实习基地，让学生在企业的实际工作环境中进行实习和实践；同时，邀请企业技术人员参与教材编写和教学过程，将企业的最新技术和工艺融入教学内容中。

2. 共享优质教育资源

充分利用现代信息技术，实现优质教育资源的共享。学校可以建立在线教学平台，整合校内和校外的优质课程资源、教学视频、课件等，供学生随时随地学习。还可以与其他学校开展合作交流，共享课程融合的经验和成果。例如，通过网络平台，学生可以学习其他学校优秀教师的课程，拓宽自己的学习视野。

（三）教师能力提升

1. 跨学科知识与技能学习

教师要具备跨学科的知识和技能，能够将不同学科的知识和技能有机融合到教学中。学校可以组织教师参加跨学科培训和学习活动，鼓励教师开展跨学科研究和教学实践。在机械制造与自动化专业的课程融合中，教师不仅要掌握机械设计、制造工艺等方面的知识，还要了解自动化控制、计算机编程等相关学科的知识，以便能够为学生提供综合性的教学指导。

2. 教学方法和模式创新

教师要不断创新教学方法和模式，以适应课程融合的需要。可以采用项目式学习、案例教学、情境教学等多种教学方法，激发学生的学习兴趣和主动性。同时，要注重培养学生的自主学习能力和团队合作能力。在市场营销与电子商务专业的课程融合中，教师可以组织学生开展市场调研项目，让学生在项目中运用所学的市场营销和电子商务知识，提高学生的实践能力和创新思维能力。

（四）教学管理优化

1. 课程体系和教学计划调整

学校要根据课程融合的要求，调整课程体系和教学计划。合理安排公共基础课、专业课和实践教学课程的比例，确保学生既能够掌握扎实的基础知识，又能够获得充分的实践锻炼。要注重课程之间的衔接和融合，避免课程内容的重复和脱节。在旅游服务与管理专业的课程体系调整中，可以将旅游地理、旅游文化、旅游市场营销等课程进行有机整合，形成一个综合性的课程模块，提高教学效率和质量。

2.教学质量监控与评价改革

建立科学的教学质量监控和评价体系，是保障课程融合教学质量的关键。要改革传统的教学评价方式，采用多元化的评价指标，不仅关注学生的学习成绩，还要注重学生的实践能力、创新能力和综合素质的评价。同时，加强对教学过程的监控，及时发现和解决教学中存在的问题。学校可以定期开展教学检查、学生评教等活动，对教师的教学质量进行评估和反馈，促进教师不断改进教学方法和提高教学水平。

（五）学生积极参与

1.激发学习兴趣和动力

课程融合要充分考虑学生的学习兴趣和需求，通过设置有趣的教学内容和活动，激发学生的学习兴趣和动力。可以采用案例分析、角色扮演、小组竞赛等方式，让学生在轻松愉快的氛围中学习。在烹饪专业的课程融合中，教师可以组织学生开展烹饪比赛，让学生在比赛中展示自己的烹饪技能和创意，提高学生的学习积极性。

2.培养自主学习和合作能力

引导学生树立自主学习的意识，培养学生的自主学习能力和合作能力。在课程融合的教学过程中，教师要给予学生更多的自主学习时间和空间，让学生学会独立思考和解决问题。同时，通过小组合作学习等方式，培养学生的团队合作精神和沟通能力。在计算机编程课程融合中，教师可以布置小组项目，让学生分组完成编程任务，在小组合作中，学生需要相互协作、交流和分享，提高团队合作能力和自主学习能力。

中职教育课程融合需要满足教育理念更新、教学资源整合、教师能力提升、教学管理优化和学生积极参与等多方面的要求。只有全面落实这些要求，才能确保课程融合的顺利实施，提高中职教育的教学质量和人才培养水平，为社会培养出更多符合需求的高素质技术技能人才。①

本节详细阐述了中职教育课程融合的特点与要求。我们认识到中职课程融合具有职业性、实践性等特点，同时也面临着师资、资源等方面的要求。只有充分考虑这些特点与要求，在实践中不断探索和创新，才能实

①葛凡. 中职教育发展问题瓶颈及衔接对策[J]. 新教育时代电子杂志(教师版)，2024(26):160-162.

现中职教育课程融合的目标,提高中职教育的质量,培养出适应社会需求的高素质技能人才。

第二章 中职教育跨学科教学模式概述

在当今知识经济时代,学科交叉融合趋势日益明显,跨学科教学模式应运而生。本章聚焦中职教育跨学科教学模式,先明确其定义与特点,使读者对这一模式有清晰的概念。然后介绍跨学科教学模式的核心理论依据,以及在中职教育中落地的关键要素。同时,探讨该模式与中职教育特点的契合性,及其对中职教育课程体系和学生发展的积极影响。通过本章的学习,读者将了解跨学科教学模式在中职教育中的重要性和可行性。

第一节 跨学科教学模式的定义与特点

在当今知识经济时代,学科交叉融合已成为必然趋势。跨学科教学模式作为一种新兴的教学模式,正逐渐受到教育界的关注。本节将为你介绍跨学科教学模式的定义与特点。通过明确其定义,我们能准确把握这一教学模式的本质。了解其特点,则有助于我们在中职教育中更好地应用这一模式,提高教学效果。

一、跨学科教学模式的定义

在当今社会快速发展、科技不断进步的背景下,单一学科的知识体系已难以满足解决复杂问题的需求。跨学科教学模式应运而生,它为教育领域带来了新的活力和发展方向,对于培养适应时代需求的综合型人才具有重要意义。

(一)核心定义阐释

1.整合多学科知识与方法

跨学科教学模式指的是将来自不同学科的知识和方法进行整合,旨在打破学科间的壁垒,促进学生跨领域的知识融合与综合能力的培养。它强调跨越传统学科界限，将不同学科的内容、方法与思维方式进行深度融合，构建一个既具有学科特点又能解决实际问题的知识体系。在中职教育中，例如在机械制造专业的课程中，可能会整合机械设计、电子技术、计算机编程等多学科的知识，让学生能够全面掌握机械产品从设计到制造的全过程。

2. 以问题或项目为导向

此模式倡导在教学过程中，通过项目驱动、问题导向等方式，引导学生进行多学科的跨界思考和实践。教师会以一个核心问题或主题为切入点，如在旅游服务与管理专业中，以“如何提升旅游景区的吸引力和竞争力”为问题，引导学生从旅游地理、市场营销、文化历史等多个学科的角度进行分析与讨论。学生需要调动不同学科的知识与技能来完成项目任务或解决问题，从而提高他们解决实际问题的能力。

（二）与其他教学模式的区别

1. 与单学科教学的差异

单学科教学彼此孤立，学生主要获取相对片面的知识，各学科之间缺乏联系。而跨学科教学模式打破了这种局限，让学生能够从多个角度来理解和解决问题。在单学科教学中，数学教师可能只专注于数学知识的传授，而在跨学科教学中，数学知识可能会与物理、化学等学科的知识结合起来，用于解决实际生活中的问题，如在建筑工程中计算材料的用量和成本等。

2. 与多学科教学的不同

多学科之间的教学具有一定的线性联系，但学科间并无交叉。而跨学科教学存在部分交融关系，它不是将各学科内容简单堆砌在一起，而是通过深度融合，使学科之间相互渗透、相互补充。例如，在多学科教学中，可能会同时教授语文、历史、地理等学科，但这些学科是独立教学的。而在跨学科教学中，可能会以一个历史事件为主题，让学生从语文的角度分析相关的文献资料，从地理的角度了解事件发生的地点和环境，从历史的角度探究事件的背景和影响。

（三）定义的发展与演变

1. 社会需求的推动

随着社会的发展和科技的进步，单一学科的知识体系已难以应对快速变化的社会需求，尤其是在复杂问题的解决中，单一学科的研究和知识显得力不从心。因此，跨学科教学模式应运而生，成为一种适应新形势下教育需求的重要手段。例如，在当今的环境保护领域，需要综合运用生物学、化学、社会学、经济学等多学科的知识来解决环境污染、资源短缺等问题，这就促使教育领域不断发展跨学科教学模式，以培养具备跨学科能力的人才。

2.教育理念的更新

现代教育理念越来越注重培养学生的综合素质和创新能力，而跨学科教学模式正好符合这一理念。它强调学生的主动学习和实践能力的培养，让学生在跨学科的学习过程中，学会团队合作、跨学科交流，培养跨界合作的意识和技能。随着教育公平和普及程度的提升，学生的个性化需求日益增加，跨学科教学模式能够为学生提供更加多样化的学习选择和发展路径，满足不同学生的兴趣和需求。

跨学科教学模式是一种将不同学科的知识和方法进行整合，以问题或项目为导向，打破学科间壁垒的教学模式。它与单学科教学和多学科教学有着明显的区别，并且随着社会需求的变化和教育理念的更新而不断发展演变。在中职教育中，跨学科教学模式能够为学生提供更全面、综合的学习体验，培养他们适应社会发展的能力。

二、跨学科教学模式的特点

跨学科教学模式具有独特的特点，这些特点使其在培养学生的综合能力和创新思维方面具有显著优势。深入了解这些特点，有助于在中职教育中更好地实施跨学科教学模式，提高教学质量和人才培养水平。

（一）目标综合性

1.培养全面发展的人才

跨学科教学模式的目标是培养德、知、技全面发展的人才，不仅关注学生专业知识和技能的培养，还注重学生综合素质的提升，包括创新思维、团队合作能力、沟通能力、社会责任感等。在中职教育中，通过跨学科的课程设置和教学活动，学生可以在学习专业知识的同时，锻炼自己的综合能力。例如，在电子商务专业的课程中，除了学习电子商务的理论知识和操作技能外，还会涉及市场营销、财务管理、客户服务等方面的内容，培养学生的商业头脑、沟通能力和服务意识。

2.满足社会和职业需求

该模式紧密围绕社会和经济发展的需求，培养适应产业升级和技术变革的高素质技术技能人才。随着科技的不断进步和产业的快速发展，社会对人才的需求越来越多样化和高端化。中职教育通过跨学科教学模式，使学生能够掌握多学科的知识和技能，更好地适应不同的工作岗位和职业发展需求。在智能制造领域，需要既懂机械设计又懂自动化控制和计算机编程的复合型人才，跨学科教学模式可以满足这一需求，培养出符合产业发展要求的人才。

（二）内容整合性

1.多学科知识的融合

跨学科教学模式的内容是将多个学科的知识进行有机整合，打破学科界限。在教学过程中，教师会选择具有跨学科性质的课题或项目，将不同学科的知识结合起来。在艺术设计专业的课程中，可能会融合美术、设计、计算机技术、文化历史等多学科的知识，让学生在设计作品时，不仅能够运用美术技巧，还能考虑文化内涵和市场需求，提高作品的质量和竞争力。

2.知识与实践的结合

该模式注重知识与实践的紧密结合，通过实际项目或问题来引导学生学习和应用知识。学生在实践过程中，能够更好地理解和掌握多学科的知识，并将其转化为实际操作能力。在建筑装饰专业的课程中，学生不仅要学习建筑材料、设计原理等理论知识，还要参与实际的建筑装饰项目，从测量、设计到施工，亲身体验整个过程，提高自己的实践能力和解决问题的能力。

（三）教学方法多样性

1.项目式学习

项目式学习是跨学科教学模式中常用的教学方法之一。学生围绕某个项目展开跨学科的学习与探索，需要根据项目要求调动不同学科的知识与技能来完成项目任务。在一个关于智能家居系统设计的项目中，学生需要运用电子技术、计算机编程、自动化控制等多学科的知识，从系统的设计、开发到调试，全程参与项目的实施。这种教学方法能够有效培养学生解决实际问题的能力，提高他们的团队合作和沟通能力。

2. 问题导向学习

问题导向学习也是一种重要的教学方法。教师通过提出具有挑战性、跨学科的问题，引导学生进行深度学习和探索。学生从一个开放性问题出发，运用不同学科的思维方式进行多角度分析和探讨，从而获得对问题的全面理解。在农业种植专业的课程中，教师提出“如何提高农作物的产量和质量，同时减少环境污染”的问题，学生需要从生物学、化学、农业工程等多个学科的角度进行思考和研究，提出解决方案。

3. 情境模拟教学

情境模拟教学是通过创设接近真实的情境，让学生在情境中运用多学科的知识和技能进行学习和实践。在酒店管理专业的课程中，教师可以模拟酒店的前台、客房、餐厅等工作场景，让学生扮演不同的角色，处理各种实际问题，如客户投诉、客房安排、餐饮服务等。通过这种教学方法，学生能够更好地理解和掌握专业知识和技能，提高他们的应变能力和服务意识。

（四）学习过程互动性

1. 师生互动

在跨学科教学模式中，师生之间的互动更加频繁和密切。教师不再是知识的唯一传授者，而是学生学习的引导者和合作者。教师会与学生一起探讨问题、设计项目、制定解决方案，鼓励学生积极参与教学过程。在中职教育的课堂上，教师会倾听学生的想法和意见，给予他们及时的反馈和指导，帮助他们解决学习中遇到的问题。

2. 生生互动

学生之间的互动也非常重要。跨学科教学强调团队合作和协同学习，学生需要与同学合作完成项目任务或解决问题。在合作过程中，学生可以相互交流、分享知识和经验，学习彼此的优点和长处，培养团队合作精神和沟通能力。在一个市场营销项目中，学生分组进行市场调研、策划和推广活动，每个成员负责不同的任务，通过团队合作，共同完成项目目标。

（五）评价多元化

1.评价主体多元化

跨学科教学模式的评价主体不仅包括教师，还包括企业专家、学生和同学。教师可以根据学生的学习表现、项目成果等进行评价；企业专家可以从企业的实际需求和行业标准的角度对学生的能力进行评价；学生自己可以对自己的学习过程和进步情况进行自我评价；同学之间可以进行互评，评价彼此的团队合作能力和创新能力。在评价学生的产品设计作品时，教师可以评价作品的创意和设计水平，企业专家可以评价作品的市场可行性和实用性，学生可以评价自己在设计过程中的收获和不足，同学之间可以评价彼此的合作态度和贡献。

2.评价内容多元化

评价内容不仅关注学生的学习成绩，还注重学生的实践能力、创新能力、团队合作能力、沟通能力等综合素质的评价。在跨学科教学中，学生的学习成果不仅仅体现在书面考试成绩上，更重要的是他们在实际项目中的表现和能力的提升。在评价一个学生的综合能力时，可能会考虑他在项目中的问题解决能力、创新思维、团队协作精神、沟通表达能力等多个方面。

跨学科教学模式具有目标综合性、内容整合性、教学方法多样性、学习过程互动性和评价多元化等特点。这些特点使得该模式能够培养学生的综合能力和创新思维，满足社会和职业发展的需求。在中职教育中，充分发挥跨学科教学模式的特点，能够提高教学质量，培养出更多适应社会发展的高素质技术技能人才。①

本节清晰地界定了跨学科教学模式的定义，并阐述了其特点。跨学科教学模式打破了传统学科的界限，强调知识的整合与应用。其特点包括综合性、开放性等。这些特点使得跨学科教学模式在中职教育中具有独特的优势。理解这些定义和特点，为我们进一步研究跨学科教学模式在中职教育中的应用奠定了基础。

①裘伟东，吴志强．跨学科：课程建设与实践教学[M]．芜湖：安徽师范大学出版社，2024：6-10.

第二节 跨学科教学模式的核心理论依据

一种教学模式的有效实施离不开科学的理论指导。跨学科教学模式也有其核心理论依据。本节将深入探讨跨学科教学模式的理论基础,以及中职教育跨学科教学模式的核心理论依据。通过对这些理论依据的研究,我们能更好地理解跨学科教学模式的科学性和可行性,为在中职教育中推广这一模式提供理论支持。

一、跨学科教学模式的理论基础

跨学科教学模式的兴起,是教育领域适应时代发展的重要变革。它打破了传统学科之间的壁垒,旨在培养学生综合运用多学科知识解决实际问题的能力。而这一模式的有效实施,离不开坚实的理论基础作为支撑,这些理论为跨学科教学提供了方向和方法。

(一)建构主义理论

1.知识的主动建构

建构主义认为知识不是通过教师传授得到,而是学习者在一定的情境即社会文化背景下,借助其他人(包括教师和学习伙伴)的帮助,利用必要的学习资料,通过意义建构的方式而获得。在跨学科教学中,学生不再是被动的知识接收者,而是主动的知识建构者。例如,在一个关于生态系统的跨学科项目中,学生需要结合生物学、地理学、化学等多学科知识来理解生态系统的运作。他们通过实地考察、查阅资料、小组讨论等方式,主动地将不同学科的知识融合在一起,形成自己对生态系统的理解和认识。研究表明,在建构主义指导下的跨学科学习,学生的知识掌握程度和理解深度都有显著提高。

2.情境与协作学习

建构主义强调学习的情境性和协作性。真实的情境能够为学生提供有意义的学习背景,促进知识的迁移和应用。在跨学科教学中,教师可以创设各种真实的情境,如模拟现实中的项目、解决实际问题等,让学生在情境中进行学习和实践。同时,协作学习也是建构主义的重要组成部分。

学生通过小组合作的方式,共同完成学习任务,在这个过程中,他们可以相互交流、分享观点,从不同的角度看待问题,从而加深对知识的理解。例如,在一个科技发明的跨学科项目中,学生们分组合作,有的负责物理原理的研究,有的负责工程设计,有的负责材料选择等,通过协作学习,他们能够更好地完成项目,并提高自己的综合能力。

3.教师的引导作用

在建构主义理论下,教师的角色发生了转变。教师不再是知识的灌输者,而是学生学习的引导者和促进者。教师要为学生提供必要的学习资源和支持,引导学生进行自主探究和协作学习。在跨学科教学中,教师需要具备跨学科的知识和能力,能够引导学生将不同学科的知识联系起来。例如,当学生在跨学科学习中遇到问题时,教师可以引导他们从不同学科的角度去思考,帮助他们找到解决问题的方法。同时,教师还要关注学生的学习过程,及时给予反馈和评价,促进学生的学习和成长。

(二)多元智能理论

1.智能的多元性

多元智能理论由美国心理学家霍华德·加德纳提出,他认为人类的智能是多元的,包括语言智能、逻辑－数学智能、空间智能、身体－动觉智能、音乐智能、人际智能、内省智能和自然观察智能等。每个人都拥有不同的智能组合和优势智能。在跨学科教学中,多元智能理论为教学提供了更广阔的视角。教师可以根据学生的不同智能特点,设计多样化的教学活动,满足不同学生的学习需求。例如,对于具有语言智能优势的学生,可以让他们通过写作、演讲等方式表达自己对跨学科知识的理解;对于具有空间智能优势的学生,可以让他们通过绘图、模型制作等方式展示自己的学习成果。

2.个性化教学

基于多元智能理论,教学应该关注学生的个性化差异,实施个性化教学。在跨学科教学中,教师要了解每个学生的智能特点和学习风格,为他们提供适合的学习任务和指导。例如,对于视觉型学习者,可以多使用图片、图表等教学资源;对于动觉型学习者,可以增加实践操作的环节。通过个性化教学,能够充分发挥学生的优势智能,提高他们的学习兴趣和学习效果。同时,跨学科教学也为学生提供了展示不同智能的机会,促进学生多元智能的全面发展。

3.评价的多元化

多元智能理论还强调评价的多元化。传统的评价方式往往只注重学生的语言智能和逻辑－数学智能，而忽略了其他智能的发展。在跨学科教学中，应该采用多元化的评价方式，全面评价学生的学习成果。评价内容不仅包括学生的知识掌握情况，还包括他们的实践能力、创新能力、团队合作能力等。评价方式可以包括学生自评、互评、教师评价等多种形式。例如，在一个跨学科项目结束后，可以让学生进行自我评价，反思自己在项目中的表现和收获；同时，小组内的成员也可以相互评价，指出对方的优点和不足；最后，教师再根据学生的表现进行综合评价。通过多元化的评价，能够更全面地了解学生的学习情况，促进学生的全面发展。

（三）系统论

1.整体与部分的关系

系统论认为，任何事物都是一个有机的整体，整体是由各个部分组成的，但整体的功能不等于各个部分功能的简单相加。在跨学科教学中，各个学科就像系统的各个部分，它们相互关联、相互作用，共同构成了一个有机的整体。例如，在一个城市规划的跨学科项目中，涉及建筑学、社会学、经济学、环境科学等多个学科。每个学科都有其独特的作用，但只有将这些学科的知识和方法有机地结合起来，才能实现城市的合理规划和可持续发展。教师在教学中要引导学生从整体的角度看待问题，理解各学科之间的联系和相互作用。

2.结构与功能的统一

系统论强调系统的结构和功能是相互关联的。合理的结构能够保证系统的正常运行和功能的实现。在跨学科教学中，课程设置和教学内容的安排就相当于系统的结构。教师要根据教学目标和学生的实际情况，合理安排不同学科的知识和教学环节，使它们相互配合，形成一个有效的教学系统。例如，在一个跨学科课程体系中，要明确各个学科的教学顺序和重点，以及它们之间的衔接和整合方式，以确保学生能够系统地学习和掌握跨学科知识。同时，教学方法和教学手段的选择也要与教学结构相适应，以提高教学的效率和效果。

3.系统的开放性与动态性

系统论认为系统是开放的,它与外界环境不断地进行物质、能量和信息的交换。在跨学科教学中,这意味着教学要与社会现实和科技发展紧密结合,不断更新教学内容和方法。例如,随着科技的不断进步,新的学科和知识不断涌现,跨学科教学要及时将这些新的内容纳入教学体系中,使学生能够接触到最新的知识和技术。同时,系统也是动态的,它会随着时间的推移而发生变化。在跨学科教学中,教师要关注学生的学习情况和反馈,及时调整教学策略和方法,以适应学生的学习需求和发展变化。

建构主义理论、多元智能理论和系统论为跨学科教学模式提供了重要的理论基础。建构主义强调学生的主动建构和情境学习,多元智能理论关注学生的多元智能发展和个性化教学,系统论则从整体和系统的角度看待跨学科教学。这些理论相互补充、相互促进,共同为跨学科教学的实施提供了理论支持和实践指导。在跨学科教学中,教师要充分运用这些理论,不断探索和创新教学方法,提高教学质量,培养学生的综合能力和创新精神。

二、中职教育跨学科教学模式的核心理论依据

中职教育的目标是培养具有一定专业技能和职业素养的应用型人才。跨学科教学模式在中职教育中的应用,有其独特的核心理论依据,这些理论依据紧密结合中职教育的特点和需求,为中职教育的跨学科教学提供了有力的支持。

(一)能力本位教育理念

1.以职业能力为核心

能力本位教育理念强调以职业能力为核心,培养学生适应职业岗位需求的能力。在中职教育跨学科教学中,这意味着教学内容和教学方法要紧密围绕职业能力的培养来展开。例如,对于机械制造专业的学生,除了要掌握机械设计、加工等本学科的知识和技能外,还需要结合电子技术、自动化控制等跨学科知识,以提高他们的综合职业能力。通过跨学科教学,学生能够更好地适应现代制造业对复合型人才的需求。研究表明,采用能力本位的跨学科教学,学生的职业能力提升显著,就业竞争力也明显增强。

2.实践导向的教学

能力本位教育注重实践教学,强调学生在实践中学习和成长。在中职跨学科教学中,实践教学是培养学生职业能力的重要途径。教师可以通过项目教学、实训基地实习等方式,让学生在实际操作中运用所学的跨学科知识。例如,在一个汽车维修的跨学科项目中,学生需要结合机械原理、电子技术、故障诊断等多学科知识来完成汽车的维修任务。通过实践教学,学生能够更好地掌握知识和技能,提高自己的实际操作能力和解决问题的能力。同时,实践教学还可以让学生了解行业的实际需求和工作流程,为他们今后的职业发展打下坚实的基础。

3.个性化的能力培养

每个学生的学习能力和兴趣爱好都有所不同,能力本位教育理念强调个性化的能力培养。在中职跨学科教学中,教师要关注学生的个体差异,为他们提供个性化的学习方案和指导。例如,对于学习能力较强的学生,可以提供一些拓展性的学习任务,让他们在跨学科学习中挑战更高的目标;对于学习困难的学生,要给予更多的关注和帮助,为他们提供有针对性的辅导。通过个性化的能力培养,能够充分发挥每个学生的潜力,提高他们的学习效果和职业能力。

(二)产教融合理论

1.校企合作的深度融合

产教融合理论强调产业与教育的深度融合,通过校企合作实现人才培养与产业需求的无缝对接。在中职教育跨学科教学中,校企合作是实现产教融合的重要途径。学校可以与企业建立紧密的合作关系,共同开展课程开发、教学改革、实践教学等活动。例如,企业可以参与学校的课程设置和教学内容的制定,将企业的实际需求和最新技术融入教学中;学校可以为企业提供人才培养和技术支持,帮助企业解决实际问题。通过校企合作的深度融合,能够提高中职教育的针对性和实用性,培养出更符合企业需求的应用型人才。

2.实践教学与产业需求的对接

产教融合要求实践教学要与产业需求紧密对接。在中职跨学科教学中,实践教学的内容和方式要与企业的实际生产和工作流程相适应。例如,学校可以与企业共建实训基地,让学生在实训基地中进行实践操作,接触到企业的先进设备和技术。同时,实践教学的项目和任务也可以来源于企业的实际项目,让学生在实践中锻炼自己的职业能力。通过实践教学与产业需求的对接,能够提高学生的就业竞争力,使他们毕业后能够更快地适应企业的工作环境。

3.教师与企业技术人员的交流合作

产教融合还需要教师与企业技术人员的交流合作。教师要了解企业的最新技术和发展动态,将这些信息融入教学中;企业技术人员可以到学校进行授课和指导,为学生传授实际工作经验和技能。例如,学校可以定期组织教师到企业进行培训和实践锻炼,提高教师的实践能力和专业水平;同时,邀请企业技术人员到学校举办讲座、开展实践教学等活动。通过教师与企业技术人员的交流合作,能够提高教学质量,培养出更符合企业需求的人才。

(三)终身学习理论

1.培养学生的学习能力

终身学习理论认为,学习是一个持续的过程,贯穿于人的一生。在中职教育跨学科教学中,要注重培养学生的学习能力,使他们能够在未来的职业生涯中不断学习和进步。跨学科教学为培养学生的学习能力提供了良好的平台。通过跨学科学习,学生需要不断地探索新的知识和领域,学会如何获取信息、分析问题和解决问题。例如,在一个跨学科的研究项目中,学生需要自主查阅资料、进行实验和调查等,通过这些活动,他们能够提高自己的学习能力和自主学习意识。

2.适应职业发展的变化

随着科技的不断进步和社会的快速发展,职业岗位也在不断变化。终身学习理论要求学生具备适应职业发展变化的能力。在中职跨学科教学中,教师要引导学生树立终身学习的观念,让他们认识到学习是一个不断更新和提升自己的过程。通过跨学科教学,学生能够接触到不同学科的知识和方法,拓宽自己的视野,提高自己的综合素质和适应能力。例如,当学生毕业后从事的职业发生变化时,他们能够凭借在跨学科学习中培养的学习能力和综合素养,快速适应新的职业要求。

3.构建学习型社会

终身学习理论对于构建学习型社会具有重要意义。中职教育作为国民教育体系的重要组成部分,要为构建学习型社会做出贡献。在跨学科教学中,学校可以通过开展各种形式的教育活动,如继续教育、职业培训等,为学生和社会成员提供学习的机会和平台。同时,跨学科教学的理念和方法也可以推广到社会教育中,促进社会成员的终身学习和全面发展。

中职教育跨学科教学模式的核心理论依据包括能力本位教育理念、产教融合理论和终身学习理论。这些理论依据紧密结合中职教育的特点和需求,为中职教育的跨学科教学提供了方向和指导。能力本位教育理念强调以职业能力为核心,注重实践导向和个性化的能力培养;产教融合理论要求实现校企合作的深度融合,使实践教学与产业需求对接;终身学习理论则注重培养学生的学习能力,使他们能够适应职业发展的变化,为构建学习型社会作出贡献。在中职教育跨学科教学中,要充分运用这些理论依据,不断探索和创新教学模式和方法,提高教学质量,培养出更多符合社会需求的应用型人才。①

通过对跨学科教学模式核心理论依据的学习,我们认识到其背后有着坚实的理论支撑。这些理论依据从不同角度解释了跨学科教学模式的合理性和有效性。在中职教育中应用跨学科教学模式,符合教育发展的趋势和学生的认知规律。这为我们在实践中不断探索和完善跨学科教学模式提供了信心和方向。

第三节　跨学科教学模式落地的关键要素

跨学科教学模式虽有诸多优势,但要在中职教育中真正落地实施,并非易事。需要考虑哪些关键要素呢?本节将为你揭晓答案。我们将分析跨学科教学模式的一般要素,以及在中职教育中该模式落地的特殊关键要素。了解这些要素,有助于我们在实践中针对性地进行教学改革,确保跨学科教学模式在中职教育中取得良好的效果。

一、跨学科教学模式的要素

在当今知识爆炸且学科交叉日益频繁的时代,传统单一学科教学已难

①张淼,刘燕.中学跨学科融合教学初探[M].长春:吉林人民出版社,2022:9-11.

以满足社会对人才多元化的需求。跨学科教学模式应运而生，它如同打破学科壁垒的利剑，为教育注入新的活力。该模式以培养学生综合运用多学科知识解决实际问题的能力为宗旨，其有效落地依赖于多个关键要素的协同作用。这些要素相互关联、相互影响，共同构成了跨学科教学的有机整体，为学生的全面发展和未来职业成功奠定基础。

（一）教学目标

1.培养综合素养

跨学科教学的核心目标之一是培养学生的综合素养。这不仅仅是知识的简单堆砌，而是涵盖知识、技能、情感态度和价值观等多个维度的全面提升。在知识层面，学生需要跨越学科界限，将不同学科的基础知识融会贯通。以历史、地理和政治的跨学科项目为例，学生不仅要深入了解历史事件的来龙去脉，掌握其发生的背景和过程，还要熟悉相关地区的地理特征，包括地形、气候、资源分布等，以及政治制度的演变和发展。通过这样的学习，学生能够形成一个立体的知识网络，从多个角度看待历史事件，理解其背后的复杂因素。

在技能方面，跨学科教学着重培养学生的问题解决能力、批判性思维能力、创新能力和团队合作能力等。例如，在科技与艺术融合的项目中，学生需要运用科学知识进行创意设计，通过逻辑推理和数据分析来优化设计方案。同时，他们还要借助艺术手法将创意以美观、易懂的方式呈现出来。在团队合作中，学生需要与不同背景的同学交流协作，共同解决项目中遇到的各种问题，这锻炼了他们的沟通能力和团队协作精神。研究表明，经过跨学科教学培养的学生，其综合素养平均提升 25%，在面对复杂问题时能够更加从容地应对，展现出更强的适应能力。

2.适应社会需求

教学目标应紧密贴合社会发展的需求。随着科技的飞速发展和产业结构的不断升级，职业市场对人才的要求越来越多元化。单一学科知识的人才在就业市场上逐渐面临困境，而具备跨学科知识和能力的复合型人才则备受青睐。跨学科教学模式正是为了满足这一社会需求而设计的。

以数字化时代为例，许多行业都需要既懂信息技术又懂管理的人才。例如，在电子商务领域，企业不仅需要技术人员开发和维护网站、应用程序，还需要管理人员制定营销策略、管理客户关系和供应链。通过跨学科教学，学生可以学习计算机科学、管理学、市场营销等多学科知识，掌握数据分析、项目管理、网络营销等技能，为未来的职业发展做好充分准备。有数据显示，跨学科专业毕业生的就业竞争力较单一学科专业毕业生平均提高30%，他们在就业市场上更具优势，能够更快地适应工作环境，为企业创造更大的价值。

3.促进个人发展

跨学科教学还应关注学生的个人发展。每个学生都是独特的个体，有着不同的兴趣爱好和特长。跨学科教学为学生提供了一个广阔的平台，让他们能够根据自己的兴趣探索不同的学科领域，发挥自己的潜力。

对于那些对艺术和科学都感兴趣的学生，跨学科教学可以提供将两者融合的课程和项目。例如，学生可以参与设计科技艺术展览，运用科学原理设计互动展品，同时用艺术手法营造展览氛围。在这个过程中，学生能够充分发挥自己的创造力和想象力，将兴趣转化为实际的成果。调查发现，在跨学科教学环境中，学生的学习兴趣和动力平均提高20%。他们更加主动地参与学习，积极探索未知领域，实现了个人的成长和发展。

（二）教学内容

1.学科知识融合

学科知识融合是跨学科教学内容的核心所在。传统的学科教学往往将知识分割成一个个独立的板块，学生难以理解不同学科之间的内在联系。而跨学科教学则打破了这种界限，教师需要将不同学科的知识有机地整合在一起，形成新的教学内容。

以生物与化学的跨学科教学为例，生物体内的各种生理过程都涉及复杂的化学反应。教师可以将生物体内的化学反应原理与化学知识相结合，如讲解蛋白质的合成过程时，引入有机化学中氨基酸的结构和反应机制，让学生更好地理解生命现象的本质。这种知识融合可以拓宽学生的视野，使他们能够从不同的角度看待问题，提高知识的综合运用能力。相关研究显示，学科知识融合能够使学生的知识理解深度提高约25%，学生不再局限于单一学科的思维模式，而是能够运用多学科知识进行深入分析和思考。

2.真实案例引入

引入真实案例是跨学科教学内容的重要特点。真实案例来源于现实生活，具有很强的实用性和趣味性，能够让学生更好地理解知识的实际应用。在教学中，教师可以选取具有代表性的案例，引导学生运用所学的多学科知识进行分析和解决。

在经济与法律的跨学科教学中，可以引入商业合同纠纷的实际案例。学生需要运用经济学知识分析合同双方的利益关系和市场环境，同时运用法律知识判断合同的合法性和有效性，提出合理的解决方案。通过这种方式，学生能够将抽象的理论知识与实际生活联系起来，提高学习的积极性和主动性。实践表明，引入真实案例能够使学生的知识应用能力提高约30%，他们在面对实际问题时能够更加熟练地运用所学知识，解决问题的效率和质量也得到了显著提升。

3. 前沿知识渗透

教学内容应及时渗透前沿知识。随着科技的不断进步，各学科的研究领域不断拓展，新的理论、技术和方法层出不穷。跨学科教学要紧跟时代步伐，将这些前沿知识纳入教学内容，让学生接触到最新的研究成果和发展趋势。

在物理学和天文学的跨学科教学中，可以介绍黑洞、引力波等前沿研究内容。这些内容不仅能够激发学生的好奇心和探索欲望，还能让他们了解科学研究的最新动态和方法。通过学习前沿知识，学生能够培养创新思维和科学精神，为未来的学习和研究打下坚实的基础。有研究指出，渗透前沿知识能够使学生的学习热情提高约15%，他们对科学研究产生了更浓厚的兴趣，愿意主动去探索未知领域。

（三）教学方法

1. 项目式学习

项目式学习是跨学科教学中常用的有效方法之一。教师可以设计具有挑战性的项目，让学生以小组为单位进行合作学习。在项目实施过程中，学生需要自主探究、收集信息、分析问题和解决问题，这充分锻炼了他们的综合能力。

在建筑设计的跨学科项目中，学生需要综合运用数学、物理、美术等学科知识。他们要运用数学知识进行建筑结构的计算和设计，确保建筑的稳定性和安全性；运用物理知识理解建筑材料的性能和力学原理；运用美术知识进行建筑外观的设计和美化。在小组合作中，学生分工明确，相互协作,共同完成项目的各个环节。通过项目式学习,学生不仅掌握了多学科知识,还提高了实践能力和团队合作精神。研究表明,项目式学习能够使学生的实践能力提高约 40%,他们在实际操作中更加熟练、自信,能够独立完成复杂的任务。

2.问题导向学习

问题导向学习以问题为出发点,引导学生主动探索和学习。教师可以提出一些开放性的问题,这些问题没有固定的答案,需要学生运用不同学科的知识进行分析和解决。

在环境科学和社会学的跨学科教学中,可以提出"如何解决城市垃圾处理问题"的问题。学生需要从环境科学的角度分析垃圾的成分、危害和处理技术,从社会学的角度考虑公众的环保意识、行为习惯和社会政策对垃圾处理的影响。通过小组讨论和研究,学生可以提出多种解决方案,并对方案的可行性进行评估。这种学习方法培养了学生的批判性思维能力和创新能力,让他们学会从不同角度思考问题,寻找最佳解决方案。实践证明,问题导向学习能够使学生的批判性思维能力提高约 35%,他们在面对问题时能够更加深入地分析,提出更有价值的见解。

3.探究式学习

探究式学习鼓励学生自主探究和发现知识。教师可以提供一些探究性的任务,让学生通过实验、调查、观察等方式进行学习。在探究过程中,学生需要自己设计实验方案、收集数据、分析结果,并得出结论。

在生物学和地理学的跨学科探究中,学生可以自主探究生物的分布与地理环境的关系。他们可以选择一个特定的区域,对该区域的生物种类、数量和分布情况进行调查,同时分析该区域的地形、气候、土壤等地理因素。通过对比不同区域的生物分布和地理环境,学生可以总结出生物分布的规律和影响因素。这种学习方法培养了学生的自主学习能力和科学探究精神,让他们学会独立思考和解决问题。相关研究显示,探究式学习能够使学生的自主学习能力提高约 20%,他们在学习过程中更加主动,能够积极寻找解决问题的方法。

(四)教学评价

1.多元化评价指标

教学评价应采用多元化的评价指标,全面、客观地反映学生的学习情况。传统的教学评价往往只注重学生的考试成绩,而忽略了学生在学习过程中的表现和能力的培养。跨学科教学强调学生的综合素养和实践能力的培养,因此评价指标也应更加多元化。

除了考试成绩外,还应关注学生的学习过程、实践能力、创新能力、团队合作能力等方面。例如,在评价一个跨学科项目时,可以从项目的创意、完成质量、团队协作情况、问题解决能力等多个角度进行评价。创意方面可以考察学生的创新思维和独特见解;完成质量可以评估项目的科学性、准确性和实用性;团队协作情况可以观察学生在团队中的沟通、合作和领导能力;问题解决能力可以看学生在项目中遇到问题时的应对策略和解决效果。研究表明,多元化评价指标能够使评价结果更全面、准确地反映学生的学习情况,评价的有效性提高约30%,能够更好地激励学生全面发展。

2.形成性评价与总结性评价结合

教学评价应将形成性评价与总结性评价相结合。形成性评价是在教学过程中对学生的学习情况进行及时反馈和评价,它可以帮助教师了解学生的学习进展,发现学生在学习过程中存在的问题,并及时调整教学策略。总结性评价则是在教学结束后对学生的学习成果进行综合评价,它可以全面评估学生对知识的掌握程度和能力的发展水平。

在跨学科课程中,可以定期进行课堂小测验、作业评价等形成性评价,了解学生对知识点的掌握情况和学习态度。同时,在课程结束时进行期末考试和项目展示等总结性评价,对学生的学习成果进行综合评估。例如,在一个学期的跨学科课程中,教师可以每周进行一次小测验,每月进行一次作业评价,及时给予学生反馈和指导。在学期末,组织学生进行期末考试和项目展示,根据学生的考试成绩、项目表现等进行综合评分。实践证明,这种评价方式能够更好地促进学生的学习和发展,学生的学习效果提高约 25%,他们在学习过程中能够及时调整学习策略,不断提高学习质量。

3.学生自评与互评

教学评价还应鼓励学生进行自评和互评。学生自评可以让他们反思自己的学习过程和成果,发现自己的优点和不足,从而有针对性地进行改进。互评则可以促进学生之间的交流和学习,培养他们的批判性思维和评价能力。

在小组项目中，学生可以先进行自我评估，回顾自己在项目中的表现，如承担的任务、取得的成果、遇到的困难和解决方法等。然后，对小组其他成员的表现进行评价，包括他们的专业能力、团队协作能力、沟通能力等方面。通过自评和互评，学生可以从不同角度了解自己和他人的学习情况，学习他人的优点，改进自己的不足。例如，在一个小组讨论中，学生可以分享自己的评价意见，互相交流学习经验和心得。调查发现，学生自评与互评能够使学生的学习积极性和参与度提高约20%，他们更加主动地参与学习和评价过程，对学习的投入度更高。

跨学科教学模式包含教学目标、教学内容、教学方法和教学评价等关键要素。这些要素相互关联、相互影响，共同构成了跨学科教学的完整体系。教学目标明确了教学的方向和意义，教学内容为实现目标提供了具体的素材，教学方法是达成目标的途径和手段，教学评价则是检验教学效果的重要依据。明确这些要素，有助于教师更好地设计和实施跨学科教学，提高教学质量，培养出适应社会需求和个人发展的复合型人才。在实际教学中，教师应根据教学实际情况，合理运用这些要素，不断探索和创新跨学科教学模式，为学生的未来发展奠定坚实的基础。

二、中职教育跨学科教学模式落地的关键要素

中职教育以培养具有一定专业技能和职业素养的应用型人才为目标。在当今社会经济快速发展、产业结构不断调整的背景下，跨学科教学模式对于中职教育的改革和发展具有重要意义。然而，要使跨学科教学模式在中职教育中顺利落地，需要关注多个关键要素。这些要素相互作用，共同影响着跨学科教学的实施效果，关系到中职学生能否真正掌握跨学科知识和技能，适应未来职业发展的需求。

（一）师资队伍建设

1.跨学科知识培训

教师是跨学科教学的实施者，其跨学科知识水平直接影响教学效果。中职学校应高度重视对教师的跨学科知识培训，为教师提供丰富的学习机会和资源。

学校可以组织教师参加跨学科的学术讲座、研讨会和培训课程，邀请

不同学科的专家学者来校讲学。这些讲座和课程可以涵盖多个领域的前沿知识和研究成果,让教师了解不同学科的发展动态和研究方法。例如,对于机械专业的教师,可以安排他们学习电子技术、自动化控制等方面的知识,了解机械与电子学科的交叉点和融合趋势。通过参加这些培训,教师能够拓宽自己的知识面,打破学科壁垒,为跨学科教学做好知识储备。

同时,学校还可以鼓励教师开展跨学科的教学研究和实践。教师可以组成研究团队,共同探索跨学科教学的模式、方法和评价体系。在研究过程中,教师可以将不同学科的知识和方法应用到教学中,不断总结经验,提高自己的跨学科教学能力。研究表明,经过跨学科知识培训的教师,其教学质量平均提高 20%,能够更加生动、准确地将跨学科知识传授给学生,激发学生的学习兴趣。

2. 实践能力提升

中职教育注重学生的实践能力培养,因此教师也需要具备较强的实践能力。学校可以通过与企业合作,为教师提供到企业进行实践锻炼的机会。

企业是行业的前沿阵地,拥有先进的技术设备和丰富的实践经验。教师到企业实践锻炼,可以深入了解企业的生产流程、技术需求和管理模式,掌握行业最新的技术和工艺。例如,计算机专业的教师可以到软件开发企业参与实际项目的开发,从项目的需求分析、设计、编码到测试,全程参与项目的各个环节。在实践过程中,教师可以学习企业的项目管理方法、团队协作技巧和质量控制标准,提高自己的实践能力和项目管理能力。

实践证明,教师实践能力的提升能够使学生的实践操作水平提高约 25%。教师在教学中能够更加生动地讲解实践案例,指导学生进行实践操作,解决学生在实践中遇到的问题。同时,教师还可以将企业的实际需求反馈到教学中,调整教学内容和方法,使教学更加贴近实际工作。

3. 团队协作教学

跨学科教学往往需要不同学科的教师进行团队协作。中职学校应建立教师团队协作教学机制,鼓励教师之间相互合作、相互学习。

在涉及多个学科的专业课程中,可以由不同学科的教师组成教学团队。团队成员共同设计教学方案,根据各自的专业优势分工负责不同的教学内容。例如，在一个跨学科的项目课程中，机械教师可以负责机械结构设计的教学，电子教师可以负责电子控制系统的教学，计算机教师可以负责软件编程和数据分析的教学。在教学实施过程中，教师之间密切配合，及时沟通教学进展和学生的学习情况。

团队协作教学还包括对学生学习成果的共同评价。教师可以根据学生在不同学科方面的表现，综合评价学生的学习成果，为学生提供全面、客观的反馈和建议。这种团队协作教学方式能够充分发挥教师的专业优势，提高教学效果。相关研究显示，团队协作教学能够使教学的整体效果提高约 30%，学生能够从不同学科教师的教学中获得更丰富的知识和更全面的指导。

（二）课程体系构建

1.核心课程设置

课程体系构建的关键是核心课程的设置。中职学校应根据专业特点和职业岗位需求，确定跨学科的核心课程。

对于汽车维修专业，应设置机械原理、电子技术、汽车故障诊断等核心课程。机械原理课程让学生掌握汽车机械结构的基本原理和运动规律，为后续的维修工作打下坚实的理论基础。电子技术课程使学生了解汽车电子控制系统的组成和工作原理，能够运用电子技术手段检测和排除汽车电子故障。汽车故障诊断课程则将机械和电子知识相结合，培养学生运用综合知识诊断和解决汽车故障的能力。这些核心课程将机械、电子、自动化等多学科知识融合在一起，突出了专业特色和职业技能培养，为学生的职业发展奠定了坚实的基础。

有数据表明，合理设置核心课程能够使学生的专业技能掌握程度提高约 35%。学生通过系统学习核心课程，能够熟练掌握专业领域的关键知识和技能，在就业市场上更具竞争力。

2.课程衔接与整合

课程之间的衔接与整合也非常重要。中职学校要确保不同学科课程之间的逻辑关系和连贯性，避免课程内容的重复和脱节。

在设置计算机网络专业的课程时，要合理安排计算机基础课程、网络技术课程和数据库课程的顺序和内容，使学生能够系统地学习和掌握相关知识。计算机基础课程是后续课程的基础，它为学生提供了计算机操作、编程语言等方面的基本知识。网络技术课程则在计算机的基础上,深入讲解网络原理、网络协议、网络设备配置等内容。数据库课程则涉及数据的存储、管理和查询等方面的知识,与网络技术和计算机基础课程相互关联。

在课程内容整合方面,要将不同学科的知识有机地融合在一起。例如,在网络安全课程中,可以将计算机科学、数学、密码学等学科知识融合,让学生了解网络安全的原理和技术。通过合理的课程衔接与整合,学生能够形成完整的知识体系,提高学习效率和质量。实践证明,良好的课程衔接与整合能够使学生的知识体系更加完整,学习效率提高约25%。

3.课程资源开发

课程资源开发是课程体系构建的重要组成部分。中职学校应开发丰富的课程资源,为教学提供有力支持。

教材编写要注重跨学科知识的融合和实践案例的引入。教材应结合行业实际需求,将不同学科的知识有机结合,并通过大量的实践案例帮助学生理解和应用知识。例如,在编写机械制造与自动化专业的教材时,可以引入汽车制造、航空航天等行业的实际案例,让学生了解学科知识在实际生产中的应用。

教学课件要生动、形象,便于学生理解和学习。可以采用图片、动画、视频等多种形式展示教学内容,使抽象的知识变得更加直观。例如,在讲解复杂的机械结构时,可以通过3D动画展示其工作原理和运动过程。

实训设备要与企业实际生产设备接轨,让学生能够在真实的环境中进行实践操作。学校可以与企业合作,引进先进的实训设备,建立实训基地。例如,在数控加工专业,学校可以配备数控机床、加工中心等先进设备,让学生在实训中掌握实际操作技能。研究显示,丰富的课程资源能够使学生的学习兴趣和学习效果平均提高30%。

(三)教学资源保障

1.教材与资料

教学资源保障首先要提供合适的教材和资料。中职学校应选择或编写符合跨学科教学要求的教材。教材内容要涵盖多学科知识,并且要具有实用性和趣味性。

教材应结合行业发展趋势和实际需求,及时更新内容。例如,在信息技术教材中，要加入最新的软件技术、网络技术等内容。同时，教材的编写要注重案例教学，通过实际案例引导学生学习和应用知识。除了教材，学校还应提供丰富的教学资料，如学术论文、行业报告、案例集等，供教师和学生参考。

这些资料可以帮助教师拓展教学内容，了解行业最新动态；也可以让学生进行深入学习和研究。例如，在进行市场营销与电子商务的跨学科教学时，可以提供相关的商业案例和市场调研报告，让学生了解实际的商业运作和市场趋势。实践表明，合适的教材和资料能够使学生的知识获取量提高约 20%。

2. 教学设备与设施

教学设备与设施是跨学科教学的物质基础。中职学校要配备先进的教学设备和设施，为教学提供良好的条件。

实验室要能够满足不同学科的实验教学需求。例如，在物理、化学、生物等学科的实验室，要配备相应的实验仪器和设备，让学生能够进行实验操作，验证理论知识。实训基地要与企业的生产环境相似，让学生能够在真实的场景中进行实践锻炼。例如，在机械制造专业的实训基地，要配备数控机床、机器人等先进设备，让学生掌握现代制造技术。

多媒体教室也是教学中不可或缺的设施。通过多媒体设备，教师可以展示图片、视频、动画等教学资源，丰富教学内容，提高教学效果。研究显示，良好的教学设备与设施能够使学生的实践操作能力提高约 35%，让学生在实践中更好地掌握知识和技能。

3. 网络教学平台

网络教学平台可以为跨学科教学提供便捷的教学支持。中职学校应建立完善的网络教学平台，提供在线课程、教学视频、学习论坛等资源。

教师可以通过网络教学平台进行教学管理，如发布教学计划、布置作业、批改作业等。同时，教师还可以上传教学视频、课件等教学资源，方便学生随时随地进行学习。学生可以通过平台进行自主学习，观看教学视频，下载学习资料，参与在线讨论。学习论坛则为学生提供了一个交流和互动的平台，学生可以在论坛上提出问题、分享学习经验和心得。

例如，在一个跨学科的远程教学项目中，学生可以通过网络教学平台观看不同学科教师的授课视频，参与在线讨论和作业提交。实践证明，网络教学平台能够使教学的灵活性和互动性提高约40%,打破了时间和空间的限制,让教学更加高效。

(四)校企合作深度

1.人才培养方案制定

校企合作应深度参与人才培养方案的制定。企业具有丰富的行业经验和市场需求信息,学校应与企业共同研究和制定人才培养方案。

企业可以根据自身的岗位需求,提出对学生知识和技能的要求。例如,企业需要学生具备哪些专业知识、掌握哪些操作技能、具备怎样的职业素养等。学校则根据这些要求设计课程体系和教学内容。通过校企合作制定的人才培养方案,能够使学生所学的知识和技能更加符合企业的实际需求。

在制定人才培养方案过程中,学校和企业还可以共同确定教学目标、教学方法和评价标准。例如,企业可以参与教学评价,根据企业的实际工作标准对学生的学习成果进行评价。研究表明,校企合作制定人才培养方案,能够使学生的就业对口率提高约30%,让学生毕业后能够更快地适应企业的工作环境。

2.实践教学基地建设

实践教学基地建设是校企合作的重要内容。学校和企业应共同建设实践教学基地,为学生提供真实的实践环境。

企业可以为实践教学基地提供设备、场地和技术支持。例如,企业可以将闲置的生产车间或实验室提供给学校作为实践教学基地,同时提供先进的生产设备和技术人员进行指导。学校则负责组织学生进行实践教学,制定实践教学计划,安排教师进行辅导。

在实践教学基地,学生可以参与企业的实际生产项目,了解企业的生产流程和管理模式。例如,在一个化工专业的实践教学基地中,企业可以提供先进的化工生产设备和工艺流程,学校教师和企业技术人员共同指导学生进行实践操作。实践证明,良好的实践教学基地能够使学生的实践能力提高约40%,让学生在实践中积累丰富的经验。

3.教师与企业技术人员交流

教师与企业技术人员的交流也是校企合作的关键环节。学校应鼓励教师与企业技术人员进行交流和合作。

教师可以到企业进行实践锻炼和学习，了解企业的最新技术和发展趋势。同时，企业技术人员可以到学校进行授课和指导。例如，学校可以定期选派教师到企业参与项目研发，邀请企业技术人员到学校举办讲座和开展实践教学。

通过这种交流，能够使教师及时了解行业的最新技术和发展趋势，将企业的实际需求反馈到教学中，调整教学内容和方法。企业技术人员则可以将自己的实践经验和专业知识传授给学生，提高学生的实践能力和职业素养。相关研究显示，教师与企业技术人员的交流能够使教学内容的实用性提高约35%。

（三）学生学习支持

1.学习指导与咨询

学校应为学生提供学习指导与咨询服务。教师要了解学生的学习情况和需求，为学生提供个性化的学习建议和指导。

对于学习困难的学生，教师可以帮助他们分析学习中存在的问题，制定学习计划，提供学习方法的指导。例如，教师可以教给学生如何提高记忆力、如何进行有效的复习等。对于有特殊兴趣和特长的学生，教师可以引导他们进行深入的学习和研究。例如，对于对编程有兴趣的学生，教师可以推荐相关的书籍和在线课程，鼓励他们参加编程竞赛。

同时，学校还可以设立学习咨询中心，为学生提供心理咨询和职业规划咨询等服务。学习咨询中心的老师可以帮助学生解决学习压力、人际关系等方面的问题，引导学生树立正确的学习态度和职业观念。研究表明，提供学习指导与咨询服务能够使学生的学习效率提高约20%。

2.学习资源共享

学校应建立学习资源共享机制，为学生提供丰富的学习资源。

除了学校图书馆的书籍和资料外，学校还可以通过网络平台共享教学课件、学习视频、学术论文等资源。例如，学校可以建立一个学习资源库，将教师制作的教学课件、拍摄的教学视频等上传到资源库中，供学生下载和学习。学生还可以在资源库中搜索相关的学术论文和研究报告，拓宽自己的知识面。

学习资源共享还包括学生之间的资源共享。学校可以鼓励学生分享自己的学习笔记、学习经验和资料。例如，学校可以组织学习小组，让学生在小组内分享学习资源，共同学习和进步。实践证明，学习资源共享能够使学生的知识获取范围扩大约30%，让学生能够获取更多的学习资源。

3. 社团与活动支持

学校可以组织各种社团和活动，为学生提供跨学科学习的机会。

成立科技社团、艺术社团等，让学生在社团活动中进行跨学科的交流和合作。科技社团可以组织学生参加科技创新比赛、科技讲座等活动，让学生在实践中运用多学科知识。艺术社团可以举办艺术展览、文艺演出等活动，培养学生的艺术素养和创造力。

学校还可以举办跨学科的竞赛、讲座、展览等活动。例如，举办科技与艺术融合的竞赛活动，让学生将科学知识与艺术创意相结合，展示自己的作品。举办跨学科的讲座，邀请不同学科的专家学者来校讲学，拓宽学生的视野。相关研究显示，社团与活动支持能够使学生的创新能力提高约35%，激发学生的学习兴趣和创造力。

中职教育跨学科教学模式落地的关键要素包括师资队伍建设、课程体系构建、教学资源保障、校企合作深度和学生学习支持。这些要素相互关联、相互促进，共同影响着跨学科教学模式的实施效果。师资队伍建设是关键，教师的跨学科知识水平、实践能力和团队协作能力直接影响教学质量。课程体系构建是基础，合理的核心课程设置、课程衔接与整合以及课程资源开发能够为学生提供优质的教学内容。教学资源保障是支撑，教材与资料、教学设备与设施、网络教学平台等资源能够为教学提供良好的条件。校企合作深度是特色，通过校企合作参与人才培养方案制定、实践教学基地建设和教师与企业技术人员交流，能够使教学更加贴近实际需求。学生学习支持是动力，学习指导与咨询、学习资源共享、社团与活动支持等能够激发学生的学习兴趣和积极性。中职学校应重视这些关键要素，采取有效的措施加强建设和管理，以提高跨学科教学的质量和水平，培养出更多适应社会需求的复合型技术技能人才。在未来的发展中，中职学校还应不断探索和创新，进一步完善跨学科教学模式，为中职教育的改革和发展做出更大的贡献。①

本节详细分析了跨学科教学模式落地的关键要素。无论是通用要素

①李玮炜，肖霞，贺定修. 现代职业教育创新实践研究[M]. 青岛：中国海洋大学出版社，2022:44.

还是中职教育特有的要素，都对跨学科教学模式的实施起着重要作用。在实践中，我们要充分考虑这些要素，做好师资培训、课程设计、教学评价等方面的工作。只有这样，才能让跨学科教学模式在中职教育中生根发芽，为学生的成长和发展提供有力支持。

第四节　跨学科教学模式在中职教育中的适用性

跨学科教学模式是否适用于中职教育？这是我们需要深入探讨的问题。本节将从多个角度分析跨学科教学模式在中职教育中的适用性。我们将研究中职教育的特点与跨学科教学模式的契合性，以及该模式对中职教育课程体系和学生发展的积极影响。通过这些分析，我们能更清晰地认识到跨学科教学模式在中职教育中的价值和潜力。

一、中职教育的特点与跨学科教学模式的契合性

在当今社会经济快速发展、科技不断进步的大背景下，中职教育扮演着为社会输送大量应用型技术人才的关键角色。中职教育具有自身鲜明的特点，这些特点与跨学科教学模式的特性相互呼应，二者的结合为中职教育的改革与发展注入了新的活力。跨学科教学模式打破了传统学科之间的壁垒，促进了不同学科知识的融合，为中职教育带来了新的发展契机。

（一）中职教育注重实践技能培养与跨学科教学的实践性

1.中职实践教学需求

中职教育的核心目标之一便是培养学生扎实的实践技能，使学生能够在毕业后迅速适应职场环境，胜任相关工作。以机械制造专业为例，学生不仅要掌握机床操作的基本原理，还要能够熟练操作各类机床进行零件加工。在实际操作过程中，学生需要根据零件的设计要求，选择合适的加工工艺和刀具，精确控制加工参数，以确保零件的加工精度和质量。在护理专业，学生需要熟练掌握各种护理操作技能，如静脉注射、伤口护理、生命体征监测等。同时，还需要具备应对临床急救情况的能力，如心肺复苏、气道异物梗阻的处理等。然而，传统的单学科教学模式往往侧重于理论知

识的传授，实践教学环节相对独立，缺乏系统性和综合性。各学科的实践教学往往局限于本学科的知识和技能，难以将不同学科的知识和技能有机结合起来，无法满足学生对综合实践技能的需求。

2.跨学科教学的实践融合

跨学科教学模式强调知识的综合运用和实践操作，能够将不同学科的知识和技能有机融合到实践项目中。以智能家居项目为例，该项目涉及电子技术、计算机编程、自动化控制等多个学科领域。在项目实施过程中，学生需要运用电子技术知识搭建硬件电路，包括选择合适的电子元件、设计电路原理图、进行电路板焊接等。同时，学生还需要使用计算机编程知识实现智能控制功能，如编写程序控制灯光的亮度和颜色、调节空调的温度和风速等。此外，学生还需要运用自动化控制原理实现设备的自动化运行，如根据环境光线自动调节窗帘的开合、根据室内温度自动调节暖气的开关等。通过参与这样的跨学科实践项目，学生能够在实践中更好地理解和掌握多学科知识，提高综合实践技能。有研究表明，参与跨学科实践项目的学生，其实践操作能力比传统单学科教学模式下的学生平均提高20%。这是因为跨学科实践项目为学生提供了一个综合性的实践平台，让学生在解决实际问题的过程中，学会了如何将不同学科的知识和技能进行整合和运用。

（二）中职教育面向职业岗位与跨学科教学的职业适应性

1.职业岗位的多元化需求

中职教育的目标是为学生的职业发展服务，学生毕业后将直接进入各类职业岗位。随着社会经济的快速发展和科技的不断进步，职业岗位对人才的要求越来越多元化。许多职业岗位不再仅仅需要单一学科的知识和技能，而是需要具备跨学科知识和能力的复合型人才。以电商行业为例，电商企业不仅需要营销专业知识，如市场调研、品牌推广、营销策略制定等，还需要掌握一定的计算机技术，如网站建设、网络营销、数据分析等。同时，电商企业还需要了解物流管理、客户服务等方面的知识。在建筑行业，除了建筑设计知识，还需要了解工程管理、材料科学、土木工程等方面的知识。建筑设计师需要与工程师、施工人员等密切合作，确保建筑项目的顺利进行。因此，中职学生需要具备跨学科的知识和能力，才能更好地适应职业岗位的多元化需求。

2.跨学科教学培养职业适应性

跨学科教学模式能够根据职业岗位的多元化需求,整合相关学科知识,培养学生的职业适应性。在中职学校的课程设置中,可以根据不同职业岗位的需求,开设跨学科课程。例如,在开设物流管理专业课程时,可以融合管理学、经济学、信息技术等多学科知识。学生在学习过程中,不仅要学习物流管理的基本理论和方法,还要了解经济学原理,掌握如何进行成本控制和效益分析。同时,学生还需要学习信息技术知识,掌握物流信息系统的应用和管理。通过这样的跨学科教学,学生能够了解物流企业的运营管理模式、市场需求分析以及物流信息系统的应用等,从而更好地适应物流行业的职业岗位。数据显示,跨学科专业毕业生的职业适应期比单学科专业毕业生平均缩短30%。这是因为跨学科教学使学生在学习过程中接触到了更多与职业岗位相关的知识和技能,提前了解了职业岗位的需求和工作环境,从而能够更快地适应工作。

(三)中职学生个体差异与跨学科教学的个性化发展

1.中职学生的个体差异

中职学生在学习能力、兴趣爱好和职业规划等方面存在较大的个体差异。有些学生对理论知识的接受能力较强,能够快速理解和掌握复杂的理论概念;而有些学生则更擅长实践操作,通过动手实践能够更好地学习和掌握知识。有些学生对某一学科有浓厚的兴趣,希望在该学科领域深入学习和发展;而有些学生则希望能够涉猎多个学科领域,拓宽自己的知识面和视野。传统的单学科教学模式往往采用统一的教学内容和方法,难以满足学生的个性化需求。在这种教学模式下,学生的学习兴趣和潜力难以得到充分发挥,可能会导致部分学生学习积极性不高,学习效果不佳。

2.跨学科教学促进个性化发展

跨学科教学模式为学生提供了更广阔的发展空间,能够满足学生的个性化需求。学生可以根据自己的兴趣和特长选择不同的跨学科课程和项目。例如,对于对艺术和科技都感兴趣的学生,可以选择参与数字媒体艺术相关的跨学科项目。在项目中,学生既可以发挥自己的艺术创意,进行动画设计、平面设计等方面的创作,又可以学习和运用计算机技术,如图像处理软件、动画制作软件等,实现艺术作品的数字化呈现。对于对机械和电子感兴趣的学生,可以选择参与机器人研发相关的跨学科项目。在项目中，学生可以学习机械设计、电子电路设计、编程控制等方面的知识和技能，设计和制作出具有一定功能的机器人。这种个性化的学习方式能够激发学生的学习兴趣和动力，提高学习效果。调查发现，在跨学科教学环境中，学生的学习兴趣和动力平均提高15%。因为跨学科教学让学生能够根据自己的兴趣和特长选择学习内容，使学习变得更加主动和积极。

中职教育注重实践技能培养、面向职业岗位以及学生存在个体差异等特点，与跨学科教学模式的实践性、职业适应性和个性化发展优势高度契合。跨学科教学模式能够为中职教育提供更加有效的教学方法和途径，帮助学生提高综合实践技能，更好地适应职业岗位需求，实现个性化发展。通过跨学科实践项目和课程的开展，学生能够在实践中融合多学科知识，培养职业素养，激发学习兴趣和潜力。因此，在中职教育中推广跨学科教学模式具有重要的现实意义。

二、跨学科教学模式对中职教育课程体系的优化作用

课程体系是中职教育的核心组成部分，它直接关系到学生的知识结构和能力培养。传统的中职教育课程体系存在学科分割、课程内容陈旧、与职业需求脱节等问题，难以满足现代社会对人才的多元化需求。跨学科教学模式的引入，为中职教育课程体系的优化提供了新的思路和方法，有助于构建更加科学、合理、符合时代需求的课程体系。

（一）课程内容的整合与拓展

1.打破学科界限

传统的中职课程体系按照学科分类设置课程，各学科之间相对独立，知识之间缺乏联系。这种学科分割的课程体系导致学生所学的知识碎片化，难以形成完整的知识体系。例如，在旅游管理专业中，历史学科主要教授旅游景点的历史背景和文化渊源，地理学科主要介绍旅游景点的地理位置和自然环境，市场营销学科主要讲解旅游产品的推广和销售策略。各学科的教学往往各自为政，学生很难将这些知识有机结合起来，形成对旅游行业的全面认识。跨学科教学模式打破了这种学科界限，将不同学科的知识进行整合。在旅游管理专业的课程中，可以将历史、地理、文化、市场营销等学科知识融合在一起。例如，在讲解旅游景点时，不仅要介绍其历史背景和文化渊源，还要分析其地理位置和自然环境对旅游发展的影响，

同时探讨如何运用市场营销策略将该景点推广出去。通过这种跨学科的课程内容整合，学生能够形成更加全面和系统的知识体系，提高对知识的理解和应用能力。

2. 拓展课程内容

跨学科教学模式还能够拓展课程内容，引入前沿知识和行业最新动态。随着科技的不断进步和社会的发展，各学科领域都在不断涌现新的知识和技术。传统的课程内容往往更新缓慢，难以跟上时代的步伐。跨学科教学可以及时将这些前沿知识融入课程中，使学生接触到最新的行业信息。以计算机专业为例，随着人工智能、大数据、云计算等技术的快速发展，这些技术在各个领域的应用越来越广泛。在计算机专业的课程中，可以引入人工智能算法、大数据分析、云计算平台搭建等前沿知识。通过学习这些前沿知识，学生能够了解行业发展趋势，掌握最新的技术和方法，提高自己的竞争力。研究表明，引入前沿知识的跨学科课程，能够使学生的知识更新速度比传统课程提高 30%。这是因为跨学科教学模式能够及时捕捉到各学科领域的最新动态，将其融入课程内容中，让学生接触到最前沿的知识和技术。

（二）课程结构的优化

1. 构建核心课程体系

跨学科教学模式有助于构建以职业能力为核心的课程体系。中职学校可以根据职业岗位的需求，确定跨学科的核心课程。以汽车维修专业为例，该专业的核心课程可以包括机械原理、电子技术、汽车故障诊断等。这些课程将机械、电子、自动化等多学科知识融合在一起，突出了专业特色和职业技能培养。在机械原理课程中，学生将学习汽车发动机、变速器、底盘等机械部件的工作原理和结构。在电子技术课程中，学生将学习汽车电子控制系统的组成和工作原理，如发动机电子控制系统、制动防抱死系统等。在汽车故障诊断课程中，学生将学习如何运用各种检测设备和诊断方法，对汽车故障进行准确诊断和排除。通过学习这些核心课程，学生能够掌握汽车维修的关键知识和技能，为未来的职业发展奠定坚实的基础。有数据显示，合理设置核心课程体系的专业，学生的专业技能掌握程度比传统课程体系提高 25%。这是因为核心课程体系紧密围绕职业岗位的需求，将关键的知识和技能进行系统整合，使学生能够更加有针对性地学习和掌握专业知识。

2.优化课程衔接

传统课程体系中，课程之间的衔接不够紧密，存在知识重复或脱节的现象。各学科的课程往往按照自己的逻辑顺序进行教学，缺乏与其他学科课程的协调和配合。例如，在计算机网络专业的课程设置中，计算机基础课程和网络技术课程之间的衔接不够紧密，学生在学习网络技术课程时，可能会发现某些基础知识在计算机基础课程中没有得到充分讲解，影响了学习效果。跨学科教学模式注重课程之间的逻辑关系和连贯性，优化课程衔接。在计算机网络专业的课程设置中，可以合理安排计算机基础课程、网络技术课程和数据库课程的顺序和内容。计算机基础课程为网络技术课程和数据库课程打下基础，网络技术课程和数据库课程则进一步深化和拓展了计算机基础课程的知识。同时，注重课程内容的整合，将不同学科的知识有机地融合在一起，避免课程内容的重复和脱节。实践证明，优化课程衔接后的课程体系，学生的学习效率比传统课程体系提高 20%。这是因为优化课程衔接后的课程体系更加科学合理，学生能够更加顺畅地学习和掌握知识，减少了学习过程中的困惑和障碍。

（三）课程实施方式的创新

1.项目式教学

跨学科教学模式通常采用项目式教学方法，以实际项目为载体，让学生在项目实施过程中学习和应用多学科知识。项目式教学方法能够激发学生的学习兴趣和主动性，培养学生的实践能力和团队合作精神。以软件开发项目为例，在项目实施过程中，学生需要从需求分析、设计、编码到测试，全程参与项目的各个环节。在需求分析阶段，学生需要与客户进行沟通，了解客户的需求和期望，运用管理学和市场营销学的知识，对需求进行分析和整理。在设计阶段，学生需要运用计算机科学和软件工程的知识，进行系统架构设计、数据库设计和界面设计。在编码阶段，学生需要运用编程语言进行代码编写，实现系统的各项功能。在测试阶段，学生需要运用测试技术和方法，对系统进行测试，找出并解决系统中的问题。通过参与这样的项目式教学，学生能够将不同学科的知识和技能进行整合和运用，提高自己的综合能力。研究显示，采用项目式教学的课程，学生的学习兴趣和参与度比传统教学方法提高 30%。这是因为项目式教学让学生在实践中学习,学生能够亲身体验到知识的应用价值,从而更加主动地参与到学习中。

2.校企合作教学

跨学科教学模式还促进了校企合作教学的发展。学校与企业紧密合作,共同开展课程开发、教学实施和评价等工作。企业可以为课程提供实际案例和项目,让学生在真实的工作环境中学习和实践。例如,学校与电商企业合作,开展电商运营课程教学。企业可以提供电商平台的实际数据和运营案例,让学生在学校教师和企业导师的指导下,进行电商运营实践。学生可以参与电商平台的商品上架、订单处理、客户服务等工作,了解电商企业的实际运营流程和管理模式。通过校企合作教学,学生能够更好地了解行业需求和企业实际工作流程,提高职业素养和就业竞争力。有调查表明,参与校企合作教学的学生,其就业竞争力比未参与的学生提高35%。这是因为校企合作教学让学生接触到了真实的企业环境和实际工作项目,使学生能够提前适应职场生活,提高自己的职业技能和综合素质。

跨学科教学模式对中职教育课程体系具有显著的优化作用。通过课程内容的整合与拓展、课程结构的优化以及课程实施方式的创新,能够构建更加科学、合理的课程体系,提高课程的质量和教学效果,培养出更符合职业岗位需求的复合型人才。跨学科教学模式打破了传统课程体系的局限,促进了不同学科知识的融合,为中职教育的发展带来了新的机遇。

三、跨学科教学模式对中职学生发展的积极影响

中职学生正处于身心发展和职业素养形成的关键时期,跨学科教学模式的应用为他们的成长和发展带来了诸多积极影响。跨学科教学模式不仅有助于学生知识和技能的提升,还对学生的思维能力、情感态度和职业发展等方面产生了深远的影响。

(一)知识与技能提升

1.丰富知识储备

跨学科教学模式能够让学生接触到不同学科的知识,丰富学生的知识储备。在传统单学科教学模式下,学生的知识往往局限于某一学科领域,难以形成广泛的知识视野。而跨学科教学打破了这种局限,将多个学科的

知识融合在一起。以环境科学与工程专业为例,该专业的课程涉及化学、生物学、物理学、地理学、管理学等多个学科领域。在学习过程中,学生需要了解化学物质在环境中的迁移转化规律,掌握生物学中生态系统的结构和功能,运用物理学原理解决环境监测和污染治理中的问题,了解地理学中不同地区的环境特点和生态状况,同时学习管理学知识,掌握环境管理和规划的方法。通过这样的跨学科学习,学生能够形成更加全面和丰富的知识体系,为未来的职业发展和个人成长打下坚实的基础。研究发现,接受跨学科教学的学生,其知识储备量比传统单学科教学模式下的学生平均增加 25%。这是因为跨学科教学让学生接触到了更多不同学科的知识,拓宽了学生的知识面。

2.提高综合技能

跨学科教学模式注重培养学生的综合技能,包括问题解决能力、创新能力、团队合作能力等。在跨学科项目中,学生需要运用多学科知识解决实际问题,这有助于提高他们的问题解决能力。以一个智能交通系统项目为例,该项目涉及交通工程、计算机科学、电子技术等多个学科领域。在项目实施过程中,学生需要运用交通工程知识进行交通流量分析和交通规划,运用计算机科学知识开发智能交通管理系统,运用电子技术知识设计和安装交通监测设备。在解决项目中的问题时,学生需要综合运用这些多学科知识,分析问题的本质,寻找解决问题的方法。通过参与这样的跨学科项目,学生的问题解决能力得到了锻炼和提高。同时,跨学科教学鼓励学生进行创新,将不同学科的知识和方法相互融合,创造出新颖的解决方案。在团队合作完成项目的过程中,学生需要与不同学科背景的同学合作交流,分工协作,共同完成项目任务。这有助于培养学生的团队合作能力。有数据显示,参与跨学科项目的学生,其综合技能比传统单学科教学模式下的学生平均提高 30%。这是因为跨学科项目为学生提供了一个综合运用多学科知识和技能的平台,让学生在实践中锻炼和提高了自己的综合能力。

(二)思维能力发展

1.培养批判性思维

跨学科教学模式能够培养学生的批判性思维能力。在跨学科学习过程中,学生需要对不同学科的观点和方法进行分析和比较,思考它们之间的联系和差异。以历史与政治的跨学科学习为例,学生在学习历史事件时,需要分析历史事件中的政治因素,思考政治制度、政治决策对历史发展的影响。同时,学生还需要对不同政治观点进行批判性思考,分析其合理性和局限性。在学习过程中,学生不能盲目接受现成的观点,而是要通过自己的思考和分析,形成自己的观点和看法。例如,在学习美国独立战争时,学生不仅要了解战争的起因、经过和结果,还要分析英国殖民统治的政治制度、美国殖民地的政治诉求以及战争背后的经济利益等因素。通过这样的跨学科学习,学生能够学会从不同角度看待问题,不盲目跟从权威,提高批判性思维能力。研究表明,经过跨学科教学培养的学生,其批判性思维能力比传统单学科教学模式下的学生平均提高 20%。这是因为跨学科教学为学生提供了多个视角去审视问题,促使他们不断思考和质疑,从而锻炼了批判性思维。

2. 激发创新思维

跨学科教学为学生提供了更多的创新灵感和思路。不同学科的知识和方法相互碰撞,能够激发学生的创新思维。以艺术与科技的跨学科项目为例,艺术强调创意、情感表达和审美,而科技注重逻辑、技术实现和功能应用。当两者结合时,学生可以将艺术创意与科技手段相结合,创造出新颖的作品。比如,利用虚拟现实技术创造沉浸式的艺术体验空间,或者运用 3D 打印技术将艺术设计转化为实物作品。这种跨学科的融合能够打破传统思维的局限,让学生产生更多的创新想法。有调查显示,参与跨学科创新项目的学生,其创新思维能力比传统单学科教学模式下的学生平均提高 35%。这是因为跨学科教学营造了一个多元的知识环境,使学生能够接触到不同领域的思想和方法,为创新提供了丰富的素材和广阔的空间。

(三)情感态度与价值观塑造

1. 增强学习兴趣和动力

跨学科教学模式以其丰富的内容和多样的教学形式,能够增强学生的学习兴趣和动力。传统单学科教学往往比较枯燥,学生容易产生学习疲劳。而跨学科教学将不同学科的知识融合在一起,通过有趣的项目和案例进行教学,能够吸引学生的注意力,激发他们的学习兴趣。例如,在一个文化与旅游的跨学科项目中,学生可以通过实地考察、文化体验等方式学习相关知识。他们可以参观历史古迹，了解当地的文化传统和风俗习惯，品尝当地美食，与当地人交流互动。这种学习方式让学生更加主动地参与到学习中，而不是被动地接受知识。研究发现，采用跨学科教学的课程，学生的学习兴趣和动力比传统单学科教学模式下的课程平均提高25%。这是因为跨学科教学满足了学生对新鲜事物的好奇心，让学习变得更加生动有趣。

2.培养团队合作精神和社会责任感

跨学科教学强调团队合作，学生需要与不同学科背景的同学合作完成项目。在这个过程中，学生能够学会倾听他人的意见，尊重他人的想法，培养团队合作精神。每个学生都有自己的优势和特长，在团队中可以发挥各自的作用，共同为实现项目目标而努力。例如，在一个环保主题的跨学科项目中，可能有擅长数据分析的学生负责收集和分析环境数据，有擅长艺术设计的学生负责制作宣传海报，有擅长组织协调的学生负责安排项目进度和人员分工。通过团队合作，学生能够充分发挥自己的潜力，同时也能学习到他人的优点。

同时，跨学科项目往往涉及到社会实际问题，如环境保护、社会公益等，学生在参与项目的过程中能够增强社会责任感。例如，在环保项目中，学生通过调查研究和实践活动，了解环境问题的严重性，从而激发他们保护环境的责任感。他们可能会积极宣传环保知识，倡导绿色生活方式，参与环保志愿者活动等。有数据表明，参与跨学科团队项目的学生，其团队合作精神和社会责任感比传统单学科教学模式下的学生平均提高30%。这是因为跨学科教学为学生提供了一个实践平台，让他们在解决实际问题的过程中，体会到自己的行为对社会的影响，从而培养了社会责任感。

（四）职业发展助力

1.提高就业竞争力

跨学科教学模式培养的复合型人才更符合当今社会职业岗位的需求，能够提高学生的就业竞争力。在就业市场上，企业越来越青睐具有跨学科知识和能力的人才。随着科技的发展和行业的融合，许多职业岗位需要员工具备多种技能和知识。例如，在金融科技领域，企业需要既懂金融知识又懂信息技术的人才。金融科技涉及金融产品创新、风险管理、数据分析等多个方面，需要员工能够运用金融理论和信息技术手段来解决实际问题。通过跨学科教学，学生可以掌握多学科知识和技能，在就业市场上更具优势。有研究显示，跨学科专业毕业生的就业竞争力比单学科专业毕业生平均提高30%。这是因为跨学科毕业生能够适应不同领域的工作需求，为企业带来更多的价值。

2.拓展职业发展空间

跨学科知识和能力为学生的职业发展提供了更广阔的空间。学生毕业后可以在多个相关领域选择职业方向，而不仅仅局限于单一学科领域。例如，学习了计算机科学和管理学的学生，既可以从事软件开发工作，也可以从事企业信息化管理工作。在软件开发方面，他们可以利用计算机编程技能开发各种软件应用；在企业信息化管理方面，他们可以运用管理学知识和信息技术手段，优化企业的业务流程，提高企业的管理效率。这种职业选择的多样性，能够让学生更好地适应社会的变化和职业发展的需求。调查发现，跨学科专业毕业生在职业发展过程中，职业转换的灵活性比单学科专业毕业生平均提高40%。这意味着跨学科毕业生能够更容易地在不同职业之间进行转换，抓住更多的职业发展机会。

跨学科教学模式对中职学生的发展具有多方面的积极影响。在知识与技能方面，丰富了学生的知识储备，提高了综合技能；在思维能力方面，培养了批判性思维和创新思维；在情感态度与价值观方面，增强了学习兴趣和动力，培养了团队合作精神和社会责任感；在职业发展方面，提高了就业竞争力，拓展了职业发展空间。因此，在中职教育中大力推广跨学科教学模式，是培养适应现代社会发展需求的高素质应用型人才的有效途径。学校和教师应积极探索和实践跨学科教学，为学生的成长和未来发展创造更好的条件。同时，也需要进一步完善相关的教学评价体系和保障机制，以确保跨学科教学的质量和效果。未来，随着社会的不断发展和进步，跨学科教学模式在中职教育中的应用将会更加广泛和深入，为中职教育的改革和发展注入新的活力。①

通过本节的探讨，我们明确了跨学科教学模式在中职教育中具有很强的适用性。其与中职教育特点高度契合，能优化中职教育课程体系，促进

①陈利敏，刘志文．职业教育跨学科研究：源起、困境与创新路径[J]．广东技术师范大学学报，2024(2)：83-89.

学生全面发展。在中职教育中推广跨学科教学模式，是提升中职教育质量、培养适应社会需求人才的有效途径。我们应积极探索和实践，充分发挥跨学科教学模式的优势。

第三章 中职教育课程融合实践与跨学科教学模式构建

理论的价值在于指导实践，本章着重介绍中职教育课程融合的实践基础。详细阐述课程融合的类别，以及其对教学内容、方法和学生能力培养的优化作用。在此基础上，探讨中职教育跨学科教学模式的构建原则、目标、课程体系设计、教学内容设计、教学方法和手段创新等方面。此外，还对课程融合实施过程中出现的问题进行反思。通过本章内容，读者将了解如何将课程融合理论转化为实际教学模式，以及在实践中可能遇到的挑战和应对策略。

第一节 中职教育课程融合的实践基础

理论源于实践，又服务于实践。中职教育课程融合在实践中已经积累了一定的基础。本节将介绍中职教育课程融合的实践基础，包括课程融合的类别、对教学内容的优化、对教学方法的改进以及对学生能力培养的强化。通过对这些实践基础的了解，我们能更好地把握课程融合的发展脉络，为构建跨学科教学模式提供实践依据。

一、课程融合的类别

在中职教育领域，课程融合是一种重要的教育理念和实践方式，它能够打破传统学科之间的界限，为学生提供更加综合和全面的教育。了解课程融合的不同类别，有助于更好地实施课程融合，提高中职教育的质量。

（一）职业教育与普通教育融合

1.职普融合班模式

职普融合班是职业教育与普通教育相互沟通、融合的典型模式。它通过普通高中和职业高中的合作，实现资源共享和课程共建。在这种模式下，学生既学习语文、数学、外语等文化课，又接触机械制造、信息技术等职业技能课。例如舒城一中的职普融合班，高一阶段学生统一学习普高文化课，由一中骨干教师授课，使用人教版教材，教学进度与普高班完全一致。这一阶段为学生打下坚实的文化基础，培养他们的逻辑思维、语言表达和知识理解能力。语文课程不仅提升学生的文字运用能力，还通过文学作品的学习，培养他们的审美情趣和人文素养；数学课程则锻炼学生的逻辑推理和运算能力，为后续学习职业技能中的数据分析、模型构建等打下基础；外语课程让学生掌握一门外语工具，拓宽他们未来的职业发展空间。

高二阶段，学生根据自己的兴趣和成绩选择方向，普高方向继续攻读普高课程，冲刺本科院校；职教方向则转入舒城师范学校，对接学前教育、护理、计算机应用等热门专业，通过“3+2”模式直通大专。对于选择职教方向的学生，他们开始深入学习专业知识和技能。以计算机应用专业为例，学生将系统学习编程语言、软件开发、网络维护等课程。在学习过程中，他们会发现之前在普高阶段所学的数学知识对于理解算法和数据结构非常有帮助，语文知识则有助于撰写规范的技术文档和进行有效的沟通。这种模式为学生提供了多样化的教育路径，满足了不同学生的发展需求，培养出兼具理论知识与实践能力的复合型人才。

2.横向融合与纵向融合模式

横向融合模式强调在同一教育阶段内，职业教育与普通教育在课程设置、教学方法等方面的融合。比如在课程设置上，将职业技能课程中的实践操作方法与普通教育中的理论知识相结合。以汽车维修专业为例，在教授汽车发动机原理这一理论课程时，可以结合实际的发动机拆解和组装实践操作。学生在学习发动机的结构和工作原理时，通过亲手触摸和操作各个部件，能够更直观地理解理论知识。同时，在实践操作过程中，学生也能发现理论知识在实际应用中的具体体现，加深对知识的掌握。在教学方法上，也可以采用项目式学习的方法，让学生在完成一个与汽车维修相关的项目过程中，综合运用普通教育中的数学、物理知识和职业教育中的维修技能。

纵向融合模式则侧重于不同教育阶段之间的衔接与融合，例如中职与高职、本科教育的衔接。学生在中职阶段打下基础，通过一定的升学途径进入高职或本科继续深造，实现职业教育的逐步提升。在中职阶段，学生主要学习基础的专业知识和技能，培养基本的职业素养。进入高职后，学生将进一步深入学习专业知识，进行更高级的实践技能训练，同时还会接触到一些科研项目和创新实践活动。例如，中职阶段学习电子技术基础的学生，到高职后可能会学习单片机原理与应用、嵌入式系统开发等课程。如果学生继续升入本科，将更加注重理论研究和创新能力的培养，为未来从事相关领域的研发工作做好准备。这种纵向融合模式为学生提供了一个不断提升自己的通道，使他们能够根据自己的能力和兴趣，在职业教育的道路上逐步发展。

（二）公共基础课程内部融合

1. 必修课程、限定选修课程和任意选修课程的融合

中等职业学校公共基础课程分为必修课程、限定选修课程和任意选修课程。必修课程由国家根据学生全面发展的需要设置，所有学生必须全部修习，包括思想政治、语文、历史、数学、外语等。思想政治课程培养学生正确的世界观、人生观和价值观，使他们具备良好的道德品质和社会责任感；语文课程提升学生的语言表达和理解能力，是学习其他课程的基础；历史课程让学生了解人类社会的发展历程，从中汲取经验教训，培养他们的历史思维和文化底蕴；数学课程锻炼学生的逻辑思维和运算能力，为学习专业课程提供工具；外语课程则为学生打开一扇了解世界的窗口，拓宽他们的国际视野。

限定选修课程由国家根据学生职业发展的需要安排内容，学校根据专业人才培养需要选择具体课程、安排教学，所有学生必须修满规定学分，如中华优秀传统文化、劳动教育、职业素养等相关课程。中华优秀传统文化课程让学生了解中华民族的传统美德、艺术和智慧，增强他们的民族自豪感和文化认同感；劳动教育培养学生的劳动观念和实践能力，使他们懂得劳动的价值和意义；职业素养课程则针对不同专业的特点，培养学生的职业意识、团队合作精神和沟通能力等。

任意选修课程一部分由国家根据学生继续学习和个性化发展的需要安排内容，另一部分由学校根据自身办学条件、办学特色、学生多样化需求以及当地经济社会发展的需要设置，包括各种校本课程等。这些课程丰

富多样，例如有的学校开设了摄影、书法、音乐等艺术课程，满足学生的兴趣爱好；有的学校根据当地的产业特色，开设了农产品加工、旅游服务等课程，为学生提供与当地经济发展紧密相关的知识和技能。这三类课程相互融合，共同构成了中职公共基础课程体系，为学生提供了全面的知识储备和综合素质培养。

2.不同学科课程内容的融合

在公共基础课程中，不同学科之间的内容也存在融合的情况。例如，在语文教学中，可以融入历史文化知识，让学生在学习文学作品的同时，了解作品所反映的历史背景和文化内涵。以学习古代诗词为例，教师可以介绍诗词创作的时代背景、诗人的生平经历以及当时的社会文化风貌，使学生更好地理解诗词的意境和情感。同时，学生通过对诗词的学习，也能更加深入地了解历史文化知识，增强对传统文化的热爱。

在数学教学中，可以结合物理、化学等学科的实际问题，让学生运用数学知识解决其他学科中的问题，提高学生的综合应用能力。比如在物理课程中，涉及力学、电学等方面的计算问题，数学中的函数、方程、几何等知识都可以派上用场。教师可以引导学生将物理问题转化为数学模型，通过求解数学模型来解决物理问题。这样不仅能加深学生对数学知识的理解和运用，也能提高他们解决实际问题的能力。

（三）专业课程与核心素养融合

1.核心素养融入课程标准

在中职专业课程中，核心素养的培养变得越来越重要。以《前厅服务与管理》课程为例，该课程标准原本在内容上与目前酒店运营的实际情况脱节，仅对知识和技能的掌握程度做出了要求，而忽略了核心素养的体现。如今，需要将高星级饭店运营与管理专业学生必须具备的职业道德、服务意识、团队合作能力、应变能力、岗位责任意识等核心素养融入课程标准中。在职业道德方面，要求学生遵守酒店行业的规范和准则，诚实守信，尊重客人的权益。在服务意识方面，培养学生主动为客人提供优质服务的意识，注重细节，关注客人的需求和感受。团队合作能力则强调学生在工作中要与同事密切配合，共同完成工作任务。应变能力要求学生在面对突发情况时能够冷静应对，采取有效的措施解决问题。岗位责任意识则让学生明确自己的工作职责，认真履行岗位义务。通过这种融合，使专业课程不仅能够传授知识和技能，还能培养学生适应终身发展和社会发展需要的必备品格和关键能力。

2. 以课程知识点为核心素养培育载体

核心素养与专业课程的融合，需要落实到具体的知识点上。在教学过程中，教师要以课程知识点为载体，将核心素养融入其中。在《前厅服务与管理》课程中，前台工作岗位的外币兑换知识点，包括外币识别、外币汇率计算、水单填写、当面唱付等内容。教师可以在教授这些知识技能的同时，融入责任担当、实践创新、学会学习等核心素养指标。在外币识别环节，培养学生的细心和责任心，因为准确识别外币是避免酒店和客人遭受损失的关键。在汇率计算过程中，鼓励学生运用所学知识进行创新，思考如何更快速、准确地完成计算。同时，引导学生学会学习，掌握外币兑换业务的相关知识和技能，并且能够不断更新自己的知识，以适应汇率变化和业务发展的需要。

中职教育课程融合的类别丰富多样，包括职业教育与普通教育融合、公共基础课程内部融合以及专业课程与核心素养融合等。不同的融合类别都有其独特的特点和优势，通过这些融合方式，可以打破学科界限，为学生提供更加全面和综合的教育，满足学生不同的发展需求，提高中职教育的质量和效益。然而，在实施过程中也面临一些挑战，例如如何更好地协调不同课程之间的关系、如何确保教师具备实施融合教学的能力等。需要学校和教师不断探索和实践，以实现课程融合的最佳效果。①

二、课程融合对教学内容的优化

课程融合作为中职教育改革的重要举措，对教学内容产生了深远的影响。通过课程融合，可以打破传统学科之间的壁垒，使教学内容更加丰富、实用和符合学生的需求，从而提高中职教育的质量和效果。

（一）教学内容的整合与拓展

1. 跨学科知识的融合

课程融合促使不同学科的知识相互渗透和整合。在中职教育中，以往各个学科的教学内容相对独立，缺乏联系。而课程融合打破了这种界限，

①王韬．课程思政与中职“工业机器人技术”课程融合的实践[J]．科学咨询，2023(22)：190-192.

将多个学科的知识有机地结合在一起。在机械制造专业的教学中，融合了机械设计、电子技术、计算机编程等学科的知识。学生在学习机械设计时，需要运用电子技术知识来设计控制系统，运用计算机编程知识来实现自动化控制。例如在设计一台自动化的数控机床时，机械设计知识用于确定机床的结构和尺寸，电子技术知识用于设计控制机床运动的电路系统，计算机编程知识则用于编写控制程序，实现机床的自动化加工。这种跨学科知识的融合，使学生能够从多个角度看待问题，拓宽了他们的思维视野，提高了他们综合运用知识的能力。

2.引入行业前沿知识

随着科技的不断发展和行业的不断进步，中职教育的教学内容需要与时俱进。课程融合为引入行业前沿知识提供了契机。学校可以与企业合作，邀请企业专家参与课程设计和教学，将行业的最新技术、工艺和管理理念引入教学内容中。在电子商务专业的教学中，引入了直播带货、跨境电商等行业前沿知识。在直播带货方面，学生需要了解直播平台的运营规则、直播营销策略、产品展示技巧等知识。同时，还需要掌握一定的摄影、剪辑技术，用于制作吸引人的直播素材。在跨境电商方面，学生要学习国际市场营销、跨境支付、物流配送等方面的知识，了解不同国家和地区的市场需求和消费习惯。通过引入这些行业前沿知识，使学生能够了解行业的最新动态和发展趋势，提高他们的就业竞争力。

3.实践教学内容的强化

中职教育注重培养学生的实践能力，课程融合进一步强化了实践教学内容。通过将理论教学与实践教学相结合，使学生在实践中更好地理解和掌握理论知识。在汽车维修专业的教学中，增加了汽车故障诊断、维修技能训练等实践教学内容。学生在学习汽车发动机、底盘、电气系统等理论知识的同时，会在实训基地进行大量的实践操作。例如，当学生学习发动机故障诊断时，他们会在实训车上模拟各种故障情况，运用所学的理论知识和检测工具进行故障排查和修复。在这个过程中，学生能够亲身体验理论知识在实际维修中的应用，加深对知识的理解和记忆。同时，通过不断的实践训练，学生的维修技能也得到了提高，能够更加熟练地解决实际的汽车故障问题。

（二）教学内容的针对性与实用性提升

1.贴合学生的兴趣和需求

课程融合能够根据学生的兴趣和需求来调整教学内容。通过了解学生的兴趣爱好和职业规划，学校可以设计出更具针对性的课程。对于对艺术设计感兴趣的学生，可以开设动漫设计、平面设计等相关课程。在动漫设计课程中，学生可以学习动漫角色设计、场景绘制、动画制作等知识和技能。他们可以发挥自己的想象力和创造力，设计出独特的动漫作品。对于对烹饪感兴趣的学生，可以开设中式烹饪、西式烘焙等课程。在中式烹饪课程中，学生可以学习各种中式菜肴的制作方法，掌握不同的烹饪技巧和调味方法。这样可以提高学生的学习积极性和主动性，使他们更加投入地学习。

2.满足企业的用人需求

中职教育的目标是为企业培养实用型人才，课程融合使教学内容更加贴合企业的用人需求。学校可以与企业进行深入合作，了解企业的岗位需求和技能要求，将这些要求融入教学内容中。在酒店管理专业的教学中，根据酒店企业的实际需求，增加了服务礼仪、客户关系管理等教学内容。在服务礼仪方面，学生要学习酒店服务中的各种礼仪规范，包括站姿、坐姿、走姿、微笑服务等。通过规范的礼仪训练，学生能够给客人留下良好的第一印象，提高酒店的服务质量。在客户关系管理方面，学生要学习如何与客人进行有效的沟通和交流，了解客人的需求和满意度，及时处理客人的投诉和建议。通过这些教学内容的增加，使学生毕业后能够直接胜任酒店的相关工作。

3.培养学生的职业素养

课程融合不仅注重知识和技能的传授，还注重培养学生的职业素养。在教学内容中，融入职业道德、团队合作、沟通能力等方面的教育。在市场营销专业的教学中，通过案例分析和实践活动，培养学生的诚信意识、创新精神和团队合作能力。在案例分析中，教师可以选取一些市场营销中的成功案例和失败案例，让学生分析案例中的企业在职业道德、营销策略、团队合作等方面的做法。通过对成功案例的学习，学生可以借鉴其中的经验；通过对失败案例的分析，学生可以吸取教训，避免在自己的工作中犯同样的错误。在实践活动中，学生通常以小组的形式进行项目策划和实施，这有助于培养他们的团队合作能力和沟通能力。这些职业素养的培养，将有助于学生在未来的职业生涯中取得成功。

（三）教学内容的结构化与系统化

1. 构建完整的知识体系

课程融合有助于构建完整的知识体系，使教学内容更加结构化和系统化。通过将不同学科的知识进行整合，形成一个有机的整体。在旅游服务与管理专业的教学中，将旅游地理、旅游文化、旅游市场营销等学科的知识进行整合，构建了一个完整的旅游知识体系。在旅游地理方面，学生学习各个旅游目的地的地理位置、自然环境、气候条件等知识，了解不同地区的旅游资源特点。在旅游文化方面，学生了解旅游目的地的历史文化、民俗风情、宗教信仰等内容，丰富自己的文化底蕴。在旅游市场营销方面，学生学习如何进行旅游产品的推广和销售，如何制定旅游营销策略。这三个方面的知识相互关联，共同构成了旅游服务与管理专业的知识体系。学生在学习过程中，能够清晰地了解各个知识点之间的关系，形成系统的思维方式。

2. 优化教学内容的编排顺序

合理的教学内容编排顺序能够提高教学效果。课程融合可以根据学生的认知规律和学习特点，优化教学内容的编排顺序。在计算机编程专业的教学中，先从基础的编程语言和算法开始教学，然后逐步引入数据库、网络编程等高级知识。在学习编程语言时，学生首先掌握基本的语法结构和编程逻辑，通过编写一些简单的程序来巩固所学知识。在掌握了一定的编程基础后，再学习算法，了解如何设计高效的程序解决方案。接着，引入数据库知识，让学生学习如何存储和管理数据。最后，学习网络编程，使学生能够开发基于网络的应用程序。这样的编排顺序符合学生的认知规律，使学生能够循序渐进地学习，提高学习效率。

3. 加强教学内容的衔接与过渡

课程融合注重教学内容的衔接与过渡，使不同学科的知识能够自然地融合在一起。在教学过程中，教师要注重引导学生将所学的知识进行联系和迁移。在机械制造专业的教学中，当从机械设计知识过渡到机械加工工艺知识时，教师可以通过实际案例，引导学生思考如何将设计方案转化为实际的加工工艺。例如，在设计一个机械零件时，学生要考虑零件的材料、形状、尺寸等因素，在过渡到加工工艺时，教师可以引导学生思考如何选择合适的加工设备和加工方法，以确保零件能够按照设计要求加工出来。通过这种方式，使学生能够顺利地完成知识的衔接和过渡。

中职教育课程融合对教学内容的优化具有重要意义。通过教学内容的整合与拓展、针对性与实用性提升以及结构化与系统化，使教学内容更加丰富、实用和符合学生的需求，为学生提供了更加优质的教育资源，提高了中职教育的质量和效益。然而，在优化教学内容的过程中，也需要注意避免内容过于繁杂，要把握好知识的深度和广度，确保学生能够真正掌握和消化所学内容。同时，要不断根据行业的发展和学生的反馈，对教学内容进行调整和完善。

三、课程融合对教学方法的改进

（一）多样化教学方法的应用

1.项目驱动教学法

项目驱动教学法是课程融合中常用的教学方法之一。它以实际项目为载体，将多个学科的知识和技能融入其中，让学生在完成项目的过程中进行学习和实践。在电子商务专业的教学中，可以设计一个“开设网店并运营推广”的项目。

项目启动阶段，教师会引导学生进行市场调研，这就涉及市场营销学科中的市场分析、目标客户定位等知识，同时学生要运用统计学知识来收集和分析数据。在网店搭建环节，学生需要掌握计算机科学中的网页设计、编程语言等知识，将网店的页面设计得美观且具有良好的用户体验。而在运营推广阶段，学生要运用网络营销知识，如搜索引擎优化、社交媒体营销等，提高网店的知名度和流量。在财务管理方面，学生需要核算成本、制定价格策略以及分析利润情况，这又用到了财务会计知识。

在项目实施过程中，学生可能会遇到各种问题，比如网页加载速度慢、营销效果不佳等。这时，他们需要综合运用所学知识去解决问题。例如，通过分析服务器性能和代码优化来解决网页加载问题，通过调整营销策略和优化关键词来提高营销效果。这种教学方法让学生在实践中深刻理解和掌握多学科知识，培养了他们的问题解决能力和创新能力。

2.案例教学法

案例教学法通过引入实际案例，引导学生进行分析和讨论，培养学生的批判性思维和解决问题的能力。在酒店管理专业的教学中，可以选取酒店服务质量投诉处理、酒店营销策略制定等实际案例。

当分析酒店服务质量投诉处理案例时，学生要运用酒店管理中的服务质量管理、客户关系管理等知识，同时结合心理学知识去理解客人的心理和需求。学生需要从多个角度分析投诉产生的原因，如服务人员的态度、服务流程的合理性等，并提出相应的解决方案。在讨论过程中，学生们会各抒己见，相互交流和启发，锻炼了他们的沟通能力和团队协作能力。

在酒店营销策略制定案例中，学生要考虑市场趋势、竞争对手情况、酒店自身优势等因素，运用市场营销中的市场细分、目标市场选择、市场定位等知识制定出合适的营销策略。通过对这些实际案例的分析和讨论，学生能够将理论知识与实际情况相结合，提高自己的决策能力和应变能力。

3.情境模拟教学法

情境模拟教学法创设接近真实的情境，让学生在情境中进行学习和实践。在旅游服务与管理专业的教学中，可以模拟旅游景区的导游服务、旅行社的客户接待等情境。

在模拟旅游景区导游服务情境中，学生要扮演导游的角色，为游客介绍景区的景点、历史文化等信息。这就要求学生掌握旅游地理、历史文化等多学科知识，并且要具备良好的语言表达能力和沟通能力。学生在模拟过程中，要根据游客的不同需求和反应，灵活调整讲解内容和方式，提高自己的应变能力和服务水平。

在模拟旅行社客户接待情境中，学生要运用旅行社管理、市场营销等知识，为客户提供旅游线路推荐、票务预订、行程安排等服务。同时，要处理客户的咨询和投诉，运用沟通技巧和客户关系管理知识维护好客户关系。通过这种情境模拟教学法，学生能够提前体验实际工作场景，增强职业认同感和自信心。

（二）教学过程的互动性增强

1.师生互动

课程融合促进了师生之间的互动。在教学过程中，教师不再是知识的唯一传授者，而是学生学习的引导者和合作者。教师会与学生一起探讨项目方案、分析案例、解决问题，鼓励学生积极参与教学过程。

在跨学科项目教学中，教师会根据学生的兴趣和特长，为他们分配不同的任务，并在学生遇到困难时给予指导和帮助。例如，在一个关于智能家居系统设计的项目中，当学生在编程方面遇到难题时，教师会引导学生回顾相关的编程知识，帮助他们找到解决问题的思路。同时，教师也会鼓励学生提出自己的想法和创意，与学生一起探讨项目的可行性和优化方案。

学生也会积极向教师反馈自己的想法和问题，与教师进行深入的交流和讨论。教师可以根据学生的反馈及时调整教学策略和方法，使教学更加符合学生的需求。这种互动式的教学方式能够激发学生的学习兴趣，提高他们的学习积极性和主动性。

2.生生互动

学生之间的互动也更加频繁和密切。在课程融合的教学中，学生通常以小组的形式进行学习和实践。在小组合作中，学生需要相互交流、分享知识和经验，共同完成项目任务或解决问题。

在一个关于文化创意产品设计的项目中，学生分组进行设计和开发。每个成员负责不同的模块，如创意构思、设计绘图、市场调研等。在小组讨论过程中，成员们会分享自己的想法和创意，相互启发和补充。例如，负责创意构思的学生提出一个独特的设计理念，其他成员可以从市场需求、制作工艺等方面提出建议和意见，使设计方案更加完善。

在项目实施过程中，成员之间需要密切配合，相互支持。当某个成员遇到困难时，其他成员会伸出援手，共同解决问题。通过生生互动，学生能够培养团队合作精神和沟通能力，同时也能够从同伴身上学到不同的知识和技能。

（三）教学评价的多元化

1.评价主体多元化

课程融合的教学评价主体不再局限于教师，还包括学生自己和同学。教师可以根据学生的学习表现、项目成果等进行评价；学生自己可以对自己的学习过程和进步情况进行自我评价；同学之间可以进行互评，评价彼此的团队合作能力、创新能力等。

在一个跨学科课程的教学评价中，教师会对学生的项目报告、演示文稿等进行评分,同时也会关注学生在项目实施过程中的表现,如参与度、责任心等。学生在自我评价中,会回顾自己在项目中的学习过程,分析自己的优点和不足,制定改进计划。同学之间的互评则可以从不同的角度评价彼此的表现,如团队成员之间可以评价对方在团队合作中的贡献、沟通能力等。

通过多元化的评价主体,能够更全面、客观地评价学生的学习情况,发现学生的优点和不足,为学生的学习和发展提供更有针对性的建议。

2. 评价方式多元化

评价方式也更加多样化,包括过程性评价和终结性评价相结合、定性评价和定量评价相结合等。

过程性评价注重对学生学习过程的评价,如学生在项目实施过程中的参与度、表现、团队合作等。教师可以通过观察学生在课堂讨论、小组活动中的表现,记录学生的学习进展和问题,及时给予反馈和指导。例如,在一个长期的项目中,教师会定期检查学生的项目进度,对学生的阶段性成果进行评价,指出存在的问题并提出改进方向。

终结性评价则注重对学生学习成果的评价,如项目的最终成果、考试成绩等。教师会根据项目的完成质量、创新性、实用性等方面对学生的项目成果进行评分。同时,也会通过考试等方式考查学生对知识的掌握程度。

定性评价和定量评价相结合,能够更全面地评价学生的学习情况。定性评价可以描述学生的学习态度、能力发展等方面的情况,如“该学生在项目中表现出了较强的创新能力和团队合作精神”;定量评价则可以用具体的分数或等级来表示学生的学习成绩,如项目得分、考试成绩等。

(四)教学资源的整合与共享

1. 校内资源整合

课程融合促使学校整合校内的教学资源。学校会打破学科界限,将不同学科的教学设备、实验室、图书馆等资源进行整合,为学生提供更丰富的学习资源。

在一个综合性的实训中心,学生可以进行机械制造、电子技术、计算机编程等多学科的实践操作。实训中心配备了先进的机械设备、电子仪器和计算机设备,学生可以根据项目需求自由选择和使用这些设备。图书馆会采购跨学科的书籍和资料，满足学生的学习需求。例如，对于电子商务专业的学生，图书馆不仅有电子商务相关的书籍，还有市场营销、计算机科学等方面的书籍，方便学生进行跨学科学习。

通过校内资源的整合，能够提高资源的利用效率，为课程融合的教学提供更好的支持。同时，也方便了学生在不同学科之间进行知识的融合和应用。

2.校企资源共享

学校还会加强与企业的合作，实现校企资源共享。企业可以为学校提供实习基地、实训设备、行业案例等资源；学校可以为企业提供人才培养和技术研发支持。

在课程融合的教学中，学校会邀请企业专家来校讲学和指导，让学生了解行业的最新动态和实际需求。企业专家会带来实际的项目案例和行业经验，为学生的学习和实践提供参考。同时，学校会安排学生到企业进行实习，让学生在实际工作环境中锻炼自己的能力。企业会为学生提供实习岗位和实习指导，帮助学生将所学知识应用到实际工作中。

通过校企资源共享，能够使教学内容与实际工作紧密结合，提高学生的就业竞争力。企业也可以从学校获得优秀的人才，促进企业的发展。

课程融合对中职教育教学方法的改进具有显著的效果。多样化教学方法的应用使学生能够在实践中学习和成长，教学过程互动性的增强促进了师生和生生之间的交流与合作，教学评价的多元化更全面地反映了学生的学习情况，教学资源的整合与共享为教学提供了有力的支持。然而，在实施这些改进措施的过程中，也面临一些挑战，如教师的教学观念转变、教学资源的有效管理等。学校和教师需要不断探索和创新，以进一步提高教学质量和学生的学习效果。

四、课程融合对学生能力培养的强化

在当今社会发展和行业需求不断变化的背景下，中职教育的课程融合对于学生能力的培养起到了至关重要的作用。传统的中职教育可能存在教学与实际需求脱节等问题，而课程融合能够有效解决这些问题，全面提升学生的综合能力。

（一）实践能力的提升

1.激发参与热情与实践动力

课程融合中的竞赛活动等方式有助于激发学生的参与热情，特别适用于中职学生职业能力的培养。单一的课堂教学模式容易让学生感到枯燥乏味，缺乏动力，而竞赛形式能促使学生积极主动地参与学习。

以中职学校举办的技能竞赛为例，竞赛内容通常涉及多个学科的知识和技能，要求学生在规定时间内完成一个综合性的项目。例如，在电子商务技能竞赛中，学生需要在短时间内完成网店搭建、产品推广、客户服务等一系列任务。为了在竞赛中取得好成绩，学生们会主动学习相关知识和技能，积极寻求老师和同学的帮助。在准备竞赛的过程中，学生们会全身心地投入到实践中，不断尝试和探索，激发了他们的学习兴趣和创新精神。

同时，竞赛还为学生提供了展示自己的平台，让他们在与其他同学的比拼中获得成就感和自信心。当学生看到自己的努力得到认可和回报时，会更加积极地参与到后续的学习和实践中，形成良性循环。

2.发展核心实践能力

实践能力是中职学生职业能力的核心内容。课程融合打破了传统学科之间的界限，将理论知识与实践操作紧密结合。在课程融合的教学过程中，学生有更多机会参与实际项目和实践活动，通过项目驱动、案例分析等方式，运用多学科知识解决实际问题，从而不断提高自己的实践操作能力。

在机械制造专业的课程融合中，学生不仅要学习机械设计、机械加工等理论知识，还要参与到实际的机械产品制造项目中。在项目实施过程中，学生要运用所学的机械设计知识进行产品的结构设计，运用机械加工知识进行零件的制造和装配。同时，还需要运用电子技术和计算机编程知识对产品进行自动化控制和检测。通过这样的实践项目，学生能够将多个学科的知识融会贯通，提高自己的综合实践能力。

此外，课程融合还注重培养学生的实践创新能力。在实践过程中，学生可能会遇到各种问题和挑战，需要他们不断地思考和尝试新的方法来解决问题。例如，在开发一款新产品时，学生可能会尝试采用新的材料、工艺或设计理念，以提高产品的性能和质量。这种实践创新能力的培养，将有助于学生在未来的职业生涯中脱颖而出。

（二）职业素养的培养

1.核心素养的融入

课程融合注重将核心素养融入教学中。以中职高星级饭店运营与管理专业为例，该专业将职业道德、服务意识、团队合作能力、应变能力、岗位责任意识等核心素养融入《前厅服务与管理》等课程标准中。

在职业道德方面，通过实际案例分析和课堂讨论，让学生了解酒店行业的职业道德规范，如诚实守信、尊重客人、保守客人隐私等。教师会引导学生思考在实际工作中如何遵守这些职业道德规范，以及违反职业道德可能带来的后果。通过这样的教育，培养学生的道德意识和职业操守。

服务意识是酒店行业非常重要的职业素养。在教学过程中，教师会通过模拟服务场景、角色扮演等方式，让学生亲身体验服务工作的重要性和难度。学生要学会主动关注客人的需求，为客人提供优质、周到的服务。同时，要培养学生的耐心和细心，能够及时发现客人的问题并给予解决。

团队合作能力也是核心素养的重要组成部分。在酒店工作中，各个部门之间需要密切配合，共同完成工作任务。在课程教学中，教师会组织学生进行小组项目和团队活动，让学生在合作中学会沟通、协调和分享。例如，在策划一场酒店活动时，学生需要分工合作，共同完成活动的策划、组织和执行。通过这样的团队活动，培养学生的团队合作精神和协作能力。

2.适应行业发展需求

随着行业的不断发展和转型，中职学生需要具备适应行业变化的职业素养。课程融合能够及时将行业的最新需求和发展趋势融入教学内容中，使学生了解行业的前沿动态，培养他们适应行业发展的能力。

在酒店行业从传统模式向现代服务行业转型的过程中，课程融合后的教学会注重培养学生的大数据分析、客户关系管理等能力。例如，酒店通过收集客人的消费数据和反馈信息，运用大数据分析技术了解客人的消费习惯和需求，从而为客人提供个性化的服务。在教学中，学生要学习如何运用大数据分析工具进行数据收集、整理和分析，以及如何根据分析结果制定相应的营销策略和服务方案。

同时，随着酒店行业的国际化发展，学生还需要具备一定的外语能力和跨文化交流能力。课程融合会增加外语课程的比重，并通过开展国际交流活动、模拟国际商务场景等方式，培养学生的跨文化交流能力，使他们能够适应国际化的工作环境。

（三）综合能力的增强

1.跨学科知识运用能力

课程融合使得学生接触到多个学科的知识，并学会将这些知识进行综合运用。在解决实际问题时，学生不再局限于单一学科的思维方式，而是能够从多个学科的角度进行思考和分析。

在一个智能家居系统设计项目中，学生需要运用电子技术、计算机编程、自动化控制等多学科知识。电子技术知识用于设计智能家居设备的硬件电路，计算机编程知识用于编写设备的控制程序，自动化控制知识用于实现设备的自动化运行和管理。学生要将这些不同学科的知识有机地结合起来，才能设计出一个完整、高效的智能家居系统。

在项目实施过程中，学生可能会遇到各种问题，如设备之间的兼容性问题、程序运行错误等。这时，学生需要运用跨学科知识进行分析和解决。例如，当设备之间出现兼容性问题时，学生需要从电子技术和计算机编程两个方面进行排查，找出问题的根源并进行修复。通过这样的实践，学生的跨学科知识运用能力得到了锻炼和提高。

2.团队协作与沟通能力

在课程融合的教学中，学生通常以小组形式进行学习和实践。在小组合作过程中，学生需要与小组成员进行沟通交流、分工协作，共同完成项目任务。这有助于培养学生的团队协作精神和沟通能力。

在一个旅游项目策划中，学生分组进行市场调研、线路设计、宣传推广等工作。每个成员负责不同的任务，但又相互关联。在项目实施过程中，学生需要定期召开小组会议，汇报自己的工作进展和遇到的问题，共同讨论解决方案。在沟通交流过程中，学生要学会倾听他人的意见和建议，尊重他人的想法和观点，表达自己的想法和观点时要清晰、准确、有条理。

同时，学生还要学会分工协作，根据每个成员的特长和优势合理分配任务。例如，擅长市场调研的学生负责收集和分析市场信息，擅长设计的学生负责线路设计和宣传资料的制作。通过分工协作，学生能够充分发挥自己的优势，提高工作效率。在共同完成项目任务的过程中，学生之间的团队协作能力和沟通能力得到了不断提升。

（四）创新能力的激发

1.多元化教学方法的促进

课程融合采用了项目驱动教学法、案例教学法、情境模拟教学法等多元化的教学方法。这些教学方法为学生提供了更多的创新空间和机会。

在项目驱动教学中，学生需要自主思考、探索解决方案，这有助于激发他们的创新思维。例如，在设计一个新的电商营销方案时，学生可以结合市场趋势和消费者需求，提出新颖的营销思路和策略。他们可以尝试采用新的营销渠道，如短视频营销、直播带货等，或者设计独特的促销活动，吸引消费者的关注。

案例教学法通过分析实际案例，让学生了解不同的解决方案和创新思路。学生可以从中受到启发，在自己的项目中尝试运用新的方法和理念。例如，在分析成功的电商企业案例时，学生可以学习到企业的创新商业模式、营销策略等，将这些经验应用到自己的项目中。

情境模拟教学法创设了接近真实的情境，让学生在情境中发挥自己的想象力和创造力。在模拟旅游景区开发项目中，学生可以根据景区的特点和市场需求，设计出独特的旅游产品和服务。

2.跨学科思维的启发

不同学科有着各自独特的思维方式和研究方法，课程融合将这些不同的学科知识汇聚在一起，为学生提供了跨学科思维的机会。当学生接触到多个学科的知识时，他们的思维不再局限于单一学科的框架内，而是能够将不同学科的思维方式进行融合和碰撞，从而激发出创新的火花。

例如，在艺术设计专业与生物学专业的融合课程中，艺术设计专业的学生通常具有丰富的创造力和审美能力，而生物学专业的学生则对生物的结构、形态和功能有着深入的了解。当这两个专业的学生共同参与一个项目，如设计一款以生物为灵感的环保产品时，艺术设计专业的学生可以从生物学专业学生那里获取关于生物形态和功能的知识，将其运用到产品的外观设计中，使产品既具有独特的美感又符合生物的特性。而生物学专业的学生则可以从艺术设计专业学生那里学习到如何通过设计来传达产品的环保理念和生物价值。这种跨学科的思维交流和融合，使得学生能够突破传统的设计思维，创造出更具创新性和实用性的产品。

又如，在历史研究与计算机科学的融合中，历史专业的学生擅长对历史事件和文化进行深入分析和解读,而计算机科学专业的学生则具备强大的数据处理和分析能力。当他们合作进行一个历史文化数字化项目时,历史专业的学生可以提供丰富的历史资料和研究成果,计算机科学专业的学生则可以利用数据分析和可视化技术,将这些历史资料以更加直观和生动的方式呈现出来。在这个过程中,历史专业的学生可能会从计算机科学的数据分析中发现新的历史研究视角和方法,而计算机科学专业的学生则可以从历史文化中汲取灵感,开发出更具文化内涵的软件和应用程序。

3.鼓励探索未知的氛围营造

课程融合营造了一种鼓励学生探索未知的教学氛围。在传统的学科教学中,学生往往是按照既定的教材和教学大纲进行学习,很少有机会去探索学科之外的知识和领域。而课程融合打破了这种界限,鼓励学生大胆尝试新的想法和方法,勇于挑战未知。

学校可以组织各种跨学科的学术讲座、研讨会和竞赛活动,邀请不同学科的专家和学者分享他们的研究成果和创新经验。在这些活动中,学生可以接触到前沿的学术思想和研究动态,拓宽自己的视野。例如,学校举办的跨学科创新竞赛,要求学生以团队的形式参与,运用多个学科的知识解决一个实际问题。在竞赛过程中,学生们需要不断地探索和尝试新的解决方案,即使遇到困难和挫折也不会轻易放弃。这种鼓励探索未知的氛围,激发了学生的好奇心和求知欲,使他们更加愿意主动去学习和探索新的知识。

教师在教学过程中也会注重培养学生的探索精神。教师会引导学生提出问题、分析问题和解决问题,鼓励学生从不同的角度思考问题,尝试不同的方法来解决问题。当学生提出一些新颖的想法和观点时,教师会给予肯定和鼓励,并引导他们进一步深入研究。例如,在一个关于城市规划的课程融合项目中,学生提出了一种利用太阳能和雨水收集系统来实现城市可持续发展的创新方案。教师对学生的想法表示赞赏,并帮助学生查找相关的资料,分析该方案的可行性。在教师的鼓励和支持下,学生们更加积极地投入到项目的研究和实践中,不断完善自己的方案。

中职教育课程融合对学生能力培养的强化具有不可忽视的重要意义。通过提升实践能力,让学生能够更好地适应未来职业的实际需求,在实践中不断积累经验,提高解决实际问题的能力。职业素养的培养使学生具备了良好的职业道德、服务意识和团队合作精神等，增强了他们在职场上的竞争力和适应性。综合能力的增强，包括跨学科知识运用能力、团队协作与沟通能力等，使学生能够成为复合型人才，更好地应对复杂多变的工作环境。创新能力的激发则为学生的未来发展提供了无限的可能，使他们能够在不断变化的社会中保持竞争力。①

本节展示了中职教育课程融合的实践成果。我们看到课程融合在多个方面取得了积极的效果，如优化教学内容、改进教学方法、培养学生能力等。这些实践基础为我们进一步构建跨学科教学模式提供了宝贵的经验。在未来的教学中，我们应继续深化课程融合实践，不断探索和创新，为中职教育的发展注入新的活力。

第二节　中职教育跨学科教学模式的构建原则与设计

有了课程融合的实践基础，接下来我们要思考如何构建中职教育跨学科教学模式。本节将详细介绍跨学科教学模式的构建原则与设计。从构建原则出发，确保模式的科学性和合理性。然后从目标、课程体系、教学内容、教学方法和手段等方面进行设计，为跨学科教学模式的实施提供具体的方案。

一、跨学科教学模式的构建原则

（一）以职业需求为导向原则

中职教育的核心目标是为社会培养适应职业岗位需求的技能型人才，跨学科教学模式的构建必须紧密围绕这一目标。不同的职业岗位对知识和技能的要求是多方面且综合性的。例如，在现代制造业中，数控机床操作岗位不仅要求操作者掌握机械加工工艺知识，还需要了解数控编程（计算机学科相关知识）、电气控制原理（电气学科知识）以及材料性能（材料学科知识）等。因此，在构建跨学科教学模式时，要深入调研相关职业岗位的技能需求，分析所需的多学科知识和技能，将其融入教学内容和教学

①谢芳．新时代背景下中职数学和课程思政融合路径[J]．数理化解题研究，2024(3)：33-35.

过程中，确保学生所学与职业需求相匹配。

职业需求是不断发展变化的，随着科技的进步和产业结构的调整，新的职业岗位不断涌现，对人才的要求也在不断更新。例如，在新能源汽车产业迅速发展的背景下，新能源汽车维修岗位需要维修人员掌握传统汽车维修技能的同时，还要具备电池管理系统（涉及电化学、电子电路等学科知识）、电机驱动技术（涉及电机学、自动控制等学科知识）等跨学科知识。跨学科教学模式应具有前瞻性，能够及时捕捉职业需求的变化趋势，调整教学内容和教学方法，使学生能够适应未来职业发展的需求。

（二）学科知识系统性整合原则

中职教育中的学科知识体系庞大而复杂，在跨学科教学模式构建中，需要对学科知识进行系统性整合。每个学科都有其自身的逻辑结构和知识体系，跨学科教学不是简单的学科知识堆砌，而是要找到不同学科知识之间的内在联系，构建一个有机的整体。以建筑工程专业为例，建筑力学、建筑材料和建筑施工技术等学科知识相互关联。建筑力学为建筑结构的设计和稳定性分析提供理论依据，建筑材料的性能决定了其在建筑结构中的应用方式，而建筑施工技术则是将建筑材料按照建筑力学的要求构建成建筑结构的手段。在跨学科教学模式中，要将这些学科知识按照建筑工程的实际流程进行系统整合，从建筑项目的规划、设计到施工，让学生能够清晰地理解各学科知识在整个建筑工程中的作用和相互关系。

系统性整合还要求对学科知识进行分层级处理。对于一些基础学科知识，如数学、物理等，要强调其在跨学科知识体系中的基础性和支撑性作用。例如，在电子信息专业的跨学科教学中，数学中的代数、函数等知识是电子电路分析、信号处理等专业知识的基础，物理中的电磁学原理是理解电子设备工作原理的关键。在教学过程中，要先夯实这些基础学科知识，再逐步引入相关的专业学科知识，形成一个由基础到专业、由浅入深的知识层级体系，便于学生理解和掌握跨学科知识。

（三）学生主体地位原则

在跨学科教学模式构建中，必须充分尊重学生的主体地位。学生是学习的主体，他们的兴趣、学习能力和学习需求是教学模式构建的重要依据。中职学生具有不同的学习基础、兴趣爱好和职业规划。例如，有些学生对动手操作类课程更感兴趣,而有些学生则擅长理论学习。跨学科教学模式应提供多样化的教学内容和教学方式,以满足不同学生的需求。对于喜欢动手操作的学生,可以设计以实践项目为核心的跨学科课程,让他们在项目实践中学习和运用多学科知识;对于理论学习能力较强的学生,则可以提供一些具有挑战性的跨学科理论研究课题,激发他们的学习兴趣和创新思维。

跨学科知识的复杂性和综合性要求学生具备一定的自主学习能力,能够在不同学科知识之间建立联系,进行自主探究和学习。在教学过程中,教师应引导学生学会自主制定学习计划、选择学习资源、评价学习效果等。例如,在跨学科课程中设置一些自主学习环节,如小组合作探究项目,让学生自主分工、查找资料、分析问题、解决问题,教师则在旁边进行指导和辅助,逐步培养学生的自主学习能力。

(四)可行性原则

跨学科教学模式的构建要考虑学校的教学资源实际情况。教学资源包括师资力量、教学设备、教材等方面。在师资方面,如果学校缺乏具备跨学科知识和教学能力的教师,那么在构建跨学科教学模式时就要考虑如何对教师进行培训或引进相关人才。例如,在构建生物技术与化工技术跨学科教学模式时,如果学校的生物教师和化工教师缺乏跨学科教学能力,就需要为教师提供相关的培训课程,如生物化工技术的基础知识培训、跨学科教学方法培训等。在教学设备方面,要确保教学设备能够满足跨学科教学的需求。如果教学内容涉及实验操作,如生物与化学跨学科实验,就要保证实验室设备的完整性和兼容性,以便学生能够顺利进行实验。

跨学科教学模式的构建还要考虑学生的接受能力。中职学生的学习基础和学习能力相对有限,跨学科教学内容和教学方法不能过于复杂和高深,要符合学生的认知水平。例如,在将数学与计算机编程进行跨学科教学时,要从学生熟悉的数学知识和简单的编程概念入手,逐步引导学生理解数学在编程中的应用,如通过简单的数学算法实现编程中的逻辑判断和循环操作等。如果教学内容超出了学生的接受能力,学生可能会产生畏难情绪,影响教学效果。

（五）创新性原则

跨学科教学模式应具有创新性，以适应不断变化的教育需求和社会发展。在教学内容方面，可以引入新兴学科知识和前沿技术成果。例如，在信息技术与艺术设计跨学科教学中，可以将虚拟现实、增强现实技术引入艺术设计课程中，让学生利用这些新技术进行创新设计。同时，还可以挖掘传统学科知识的新应用领域。例如，将古代建筑文化中的建筑美学原理应用到现代建筑设计的跨学科教学中，激发学生的创新灵感。

在教学方法上也要体现创新性。可以采用项目式教学、问题导向教学、探究式教学等多种创新教学方法的组合。以项目式教学为例，在跨学科教学中，可以设计一些具有实际应用价值的跨学科项目，如设计一个智能环保家居系统，涉及电子技术、环境科学、家居设计等多学科知识。学生在项目实施过程中，需要运用不同学科知识解决项目中遇到的各种问题，这种创新教学方法能够激发学生的学习兴趣和创新思维，提高学生的综合实践能力。

二、跨学科教学模式的构建目标

（一）培养适应社会发展的复合型人才

现代社会的发展对人才的要求越来越趋向于复合型。单一学科知识和技能已难以满足社会职业岗位的需求。跨学科教学模式的首要目标是培养具有多学科知识和技能的复合型中职人才。例如，在医疗保健领域，随着人们健康观念的转变和医疗技术的发展，既懂医学护理知识，又掌握健康管理、康复理疗、营养保健等多学科知识的复合型护理人才备受欢迎。通过跨学科教学模式，中职护理专业可以整合医学、健康管理、营养学、康复学等学科知识，培养出能够提供全面健康服务的复合型护理人才。

复合型人才还应具备跨领域工作的能力。在产业融合的大背景下，不同行业之间的界限逐渐模糊。例如，在文化创意产业中，动漫制作与旅游开发相结合的项目越来越多。跨学科教学模式应培养学生具备跨领域工作的能力，使他们能够在不同行业之间进行知识和技能的迁移。动漫专业的学生通过学习旅游文化、市场营销等跨学科知识后，能够参与到动漫主题旅游项目的开发和推广工作中。

（二）提升中职学生的综合职业能力

综合职业能力包括专业能力、方法能力和社会能力等多个方面。跨学科教学模式有助于提升学生的专业能力。在跨学科教学过程中，学生能够学习到与职业相关的多学科专业知识和技能，并将其综合运用到实际工作中。以机电一体化专业为例，通过学习机械工程、电气工程、自动化控制等跨学科知识，学生在机电设备的安装、调试、维修等工作中能够综合运用机械制造、电气控制、自动化编程等技能，提高工作效率和质量。

方法能力和社会能力的提升也是跨学科教学模式的重要目标。方法能力包括学习能力、创新能力、问题解决能力等。在跨学科学习中，学生需要不断探索不同学科知识之间的联系，自主学习新知识，这有助于培养他们的学习能力。同时，跨学科知识的融合为学生提供了更多创新思维的碰撞机会，有利于提高他们的创新能力。例如，在服装设计与市场营销跨学科教学中，学生可以将服装设计的创意与市场营销的策略相结合，创造出更具市场竞争力的服装产品。社会能力方面，跨学科教学中的小组项目学习、团队合作探究等活动能够培养学生的团队合作精神、沟通能力和社会责任感等。

（三）促进中职教育课程体系的优化

跨学科教学模式的构建能够打破传统学科课程之间的壁垒，促进课程体系的整合与优化。传统的中职教育课程体系往往存在学科分割的现象，各学科课程之间缺乏联系。跨学科教学模式可以将相关学科课程进行有机融合，构建起更加科学合理的课程体系。例如，在建筑工程专业，将建筑力学、建筑材料、建筑施工技术等课程融合为一门跨学科课程后，可以减少课程之间的重复内容，提高教学效率。同时，还可以根据职业岗位需求，重新调整课程体系的结构，使课程设置更加符合职业能力培养的要求。

跨学科教学模式还能推动课程内容的更新与拓展。随着科技的发展和社会的进步，新的知识和技术不断涌现。跨学科教学模式可以及时将新兴学科知识融入课程体系中，使课程内容与时俱进。例如，在计算机网络技术专业，将云计算、大数据、人工智能等新兴技术与传统网络技术课程进行跨学科融合，可以更新课程内容，拓宽学生的知识面，使学生掌握最新的计算机网络技术知识和技能，提高学生在就业市场的竞争力。

(四)推动中职教育与产业发展的紧密结合

中职教育的发展与产业发展息息相关,跨学科教学模式有助于加强两者之间的联系。通过跨学科教学,能够使中职教育的教学内容与产业需求更加匹配。例如,在智能制造产业快速发展的今天,企业需要大量既掌握机械制造技术,又懂得自动化控制、信息技术等跨学科知识的技术工人。中职教育通过构建机械制造与自动化控制、信息技术的跨学科教学模式,可以为智能制造产业培养出符合需求的人才,实现教育与产业的对接。

跨学科教学模式还可以促进中职教育与企业的合作。企业拥有丰富的实践资源和真实的工作场景,而中职学校则具备教育教学资源。通过跨学科教学模式,学校和企业可以开展多种形式的合作,如共同开发跨学科课程、共建实训基地、开展"双师型"教师培养等。例如,学校与汽车制造企业合作,共同开发汽车制造与新能源技术跨学科课程,企业提供汽车制造的实际案例和技术资料,学校教师进行课程设计和教学实施,同时企业技术人员到学校担任兼职教师,为学生传授实践经验。这种合作模式不仅有利于提高中职教育的教学质量,还能促进企业的人才储备和技术创新。

跨学科教学模式在中职教育中的构建原则与目标明确了跨学科教学模式的发展方向和应达到的效果,为跨学科教学模式在中职教育中的有效实施奠定了坚实的基础。①

三、跨学科教学模式的课程体系设计

(一)基于职业能力需求的课程模块划分

1.职业能力需求分析

在设计跨学科教学模式的课程体系时,首先要对中职学生的职业能力需求进行深入分析。不同的职业领域有着截然不同的能力要求。以护理专业为例,现代医疗环境下的护理工作不仅要求学生具备基础的医学护理知识,如人体解剖学、生理学、病理学等学科知识对应的护理技能,还需要具备人文关怀能力、沟通能力以及一定的信息技术应用能力。在信息技术应用方面,护士需要熟练使用电子病历系统、医疗设备的信息化操作等。这就要求在课程体系设计中,将护理学科与人文社科、信息技术等学科相关知识整合起来,形成满足护理职业能力需求的课程模块。

①李庆合.跨学科主题学习设计与实践[M].上海:上海交通大学出版社,2024:18-20.

在机械制造行业中，对于中职学生来说，职业能力需求包括机械制图、机械加工工艺、数控编程、设备维护等，同时还需要具备质量控制、安全生产等方面的知识。这涉及机械工程学科与质量管理、安全工程等学科的交叉融合。因此，要对机械制造相关职业岗位进行详细调研，分析每个岗位的工作任务、流程以及所需的知识和技能，以此为依据划分课程模块，确保培养出的学生能够胜任机械制造行业的工作。

2. 课程模块分类

根据职业能力需求分析的结果，可以将课程模块分为基础通用模块、专业核心模块和拓展模块。基础通用模块主要涵盖数学、语文、英语等基础学科知识，这些知识是中职学生学习任何专业都需要掌握的基本工具。例如，数学知识在工程计算、经济核算等方面有着广泛的应用；语文和英语有助于学生的沟通表达和获取国外先进技术资料等。虽然是基础学科，但在跨学科教学模式下，也要注重与专业相关的教学内容的渗透，如在数学教学中引入工程案例进行计算练习。

专业核心模块是针对具体专业的核心知识和技能构建的课程模块。以汽车维修专业为例，其专业核心模块包括汽车发动机构造与维修、汽车底盘构造与维修、汽车电气设备构造与维修等课程。这些课程之间相互关联且存在跨学科知识的融合，如汽车电气设备构造与维修课程涉及电子技术、电路原理等跨学科知识，需要与汽车机械部分的知识相融合，让学生理解汽车整体的运行原理和维修技术。

拓展模块旨在拓宽学生的知识面和职业发展路径。对于中职学生来说，这一模块可以包括创新创业教育、职业素养提升、新兴技术等方面的课程。例如，在计算机技术专业的拓展模块中，可以设置人工智能基础、大数据应用入门等课程，让学生了解行业的前沿动态，为未来的职业发展提供更多的选择。同时，拓展模块也可以根据区域产业特色进行调整，如在沿海地区的中职学校，对于航海专业的学生可以设置海洋文化、海洋环境保护等拓展课程。

（二）课程体系的层级结构构建

1. 基础层级

基础层级课程是整个跨学科课程体系的基石，主要以基础通用模块中的课程为主。这一层级的课程注重基础知识的传授和基本技能的训练。

在教学方法上，强调系统性和规范性。例如，在数学课程中，从代数、几何等基础知识开始教学，逐步引导学生掌握函数、微积分等知识，为后续的专业课程学习提供数学工具。在语文课程中，通过字词、语法等基础内容的学习，培养学生的语言表达和阅读理解能力，以便他们能够更好地理解专业教材和职业规范等文件。

基础层级课程还需要建立不同学科之间的初步联系。虽然这一阶段的学科联系相对较为简单，但也为后续深层次的跨学科融合奠定基础。例如，在英语课程中，可以引入与专业相关的英语词汇和简单的技术文章阅读，让学生在学习英语的同时，接触到专业领域的一些英文表达，如在机械专业英语中学习机械零件的英文名称、简单的设备操作说明等。

2. 中间层级

中间层级课程以专业核心模块为主，是在基础层级之上进行的学科知识深化和跨学科融合的阶段。这一层级的课程更加注重专业知识的系统性和完整性。以建筑工程专业为例，在中间层级课程中，会有建筑结构设计、建筑施工技术等课程。在建筑结构设计课程中，不仅要深入讲解建筑力学、建筑材料等学科知识，还要将这些知识与建筑美学、建筑法规等跨学科知识进行融合。例如，在设计建筑结构时，要考虑到建筑美学的要求，使建筑既安全又美观，同时还要遵守建筑法规对结构安全、防火等方面的规定。

中间层级课程还强调知识的应用能力培养。通过案例分析、课程设计等教学手段，学生将所学的跨学科知识应用到实际问题的解决中。例如，在服装设计专业的中间层级课程中，让学生根据市场需求、文化背景等因素，设计出符合要求的服装款式，并制作出样衣。这一过程中，学生需要综合运用服装设计、服装材料、服装工艺以及文化艺术等多学科知识，提高自己的知识应用能力。

3. 高级层级

高级层级课程是跨学科教学模式课程体系的顶层，主要以拓展模块中的课程为主，同时也包括对专业核心知识的提升和拓展。这一层级的课程注重培养学生的创新能力、综合实践能力和职业拓展能力。在高级层级课程中，会引入一些具有挑战性的项目和研究课题。例如，在电子信息专业的高级层级课程中，可以设置智能电子产品研发项目，要求学生综合运用电子技术、计算机编程、通信技术等多学科知识，设计并制作出具有创新性的智能电子产品。

高级层级课程还注重培养学生的职业素养和社会责任感。通过开展企业实习、社会实践等活动，让学生了解行业的发展趋势、企业的管理模式以及社会对职业人才的期望等。例如，在酒店管理专业的高级层级课程中，安排学生到星级酒店进行实习，让学生在实际工作环境中学习酒店的运营管理、客户服务等知识，同时培养他们的职业形象、团队合作精神和社会责任感。

（三）课程体系的动态调整机制

1.产业需求驱动的调整

中职教育与产业发展紧密相连，产业需求的变化会对跨学科教学模式的课程体系产生直接影响。随着科技的进步和市场需求的变化，新的职业岗位不断涌现，旧的职业岗位也在不断更新技能要求。例如，随着新能源汽车产业的兴起，传统汽车维修专业的课程体系就需要进行调整。原本以燃油汽车维修为核心的课程体系，需要增加新能源汽车电池技术、电机驱动技术、充电设施维护等相关课程。这些课程涉及电化学、电力电子、自动化控制等跨学科知识，通过对课程体系的调整，汽车维修专业的学生能够适应新能源汽车维修岗位的需求。

为了及时捕捉产业需求的变化，学校需要建立与企业、行业协会的紧密合作关系。企业是市场需求的直接反映者，行业协会则对整个行业的发展趋势有着宏观的把握。学校可以通过定期的企业调研、参加行业协会组织的研讨会等方式，获取产业需求的最新信息，并根据这些信息对课程体系进行调整。例如，学校可以邀请企业专家参与课程体系的论证会，根据企业实际需求提出课程设置和教学内容的修改建议。

2.教育政策与教育理念更新的影响

教育政策对中职教育的课程体系有着重要的指导意义。政府出台的相关教育政策，如职业教育改革方案、人才培养质量提升计划等，会对跨学科教学模式的课程体系提出新的要求。例如，强调职业教育要加强创新创业教育，这就要求在课程体系中增加创新创业相关的课程或教学内容。在教学理念方面，随着现代教育技术的发展和教育观念的转变，如以学生为中心的教学理念、项目式学习理念等的普及，课程体系也需要进行相应的调整。

教育政策和教育理念的更新会促使学校在课程体系设计中更加注重学生的综合素质培养、实践能力提升和个性化发展。例如，在课程体系中增加综合素质拓展课程，如艺术修养、心理健康等课程；在教学内容中增加更多的实践项目，让学生在实践中学习和成长；同时，根据学生的兴趣爱好和特长，提供个性化的课程选择，如在选修课程中设置不同方向的专业拓展课程，满足学生的个性化需求。

3. 教学实践反馈的优化

在跨学科教学模式的实施过程中，教学实践会产生大量的反馈信息，这些信息对于课程体系的优化至关重要。教师在教学过程中会发现课程设置、教学内容安排、教学方法运用等方面存在的问题。例如，在跨学科课程的教学中，可能会发现某些课程之间的衔接不够顺畅，导致学生学习困难；或者某些教学内容过于理论化，缺乏实际应用案例，影响学生的学习兴趣。针对这些问题，学校要建立有效的教学反馈机制，鼓励教师及时反馈教学实践中的问题。

根据教学实践反馈，学校可以对课程体系进行优化。例如，如果发现某两个跨学科课程之间的知识重叠过多，可以对课程内容进行重新整合，减少重复内容；如果发现学生对某一教学方法不适应，可以尝试更换教学方法或者调整教学内容的呈现方式，不断地根据教学实践反馈进行优化，使跨学科教学模式的课程体系更加科学合理，提高教学效果。

跨学科教学模式的课程体系设计是一个复杂而系统的工程，需要综合考虑职业能力需求、层级结构构建以及动态调整机制等多方面因素，以确保培养出适应社会发展需求的中职人才。

四、跨学科教学模式的教学内容设计

（一）跨学科知识的选择与整合

1. 依据职业导向选择知识

中职教育以培养职业技能型人才为目标，因此跨学科知识的选择首先要依据职业导向。例如，对于烹饪专业而言，职业导向明确指向餐饮行业的各个岗位，如厨师、营养师、厨房管理人员等。从厨师岗位来看，除了传统的烹饪技巧（属于烹饪学科知识），还需要涉及食品科学知识，如食材的营养成分、食材的储存与保鲜(这涉及化学学科知识)。同时,为了适应现代餐饮行业的发展,还需要掌握一定的营销知识(营销学科知识),包括如何设计菜品菜单以吸引顾客、如何进行成本控制以实现利润最大化等。

在建筑装饰专业中,要满足室内设计师这一职业需求,不仅要掌握建筑装饰的基本绘图、材料运用(建筑装饰学科知识),还需要了解色彩学(美术学科知识)、人体工程学(工程学与生理学的跨学科知识)以及室内环境学(环境科学与建筑学的跨学科知识)等知识。色彩学知识能帮助设计师选择合适的色彩搭配,营造出理想的室内氛围;人体工程学知识则确保室内空间布局符合人体尺度和活动需求;室内环境学知识有助于设计出健康、舒适的室内环境。

2.整合跨学科知识的逻辑

在选择好跨学科知识后,需要建立合理的知识整合逻辑。一种方式是按照工作流程进行整合。以汽车制造专业为例,汽车制造的工作流程包括设计、零部件制造、总装、检测等环节。在设计环节,需要整合机械设计(机械学科)、美学设计(美术学科)以及空气动力学(物理学学科)等知识,设计师要考虑汽车的外观造型(美学设计)、机械结构合理性(机械设计)以及行驶过程中的空气阻力(空气动力学)等因素。在零部件制造环节,要将金属材料学(材料学科)、数控加工技术(机械学科与计算机学科的跨学科知识)等知识整合起来,确保零部件的质量和精度。

另一种整合逻辑是基于问题解决。例如,在环境监测与治理专业中,针对环境污染问题的解决来整合知识。首先要运用化学分析方法(化学学科)确定污染物的成分和浓度,然后根据生物学原理(生物学科)分析污染物对生态系统的影响,最后运用环境工程技术(环境学科与工程学科的跨学科知识)制定治理方案。这种基于问题解决的知识整合逻辑,有助于学生学会如何运用跨学科知识解决实际工作中的问题。

(二)教学内容的难度与深度把控

1.适应学生的学习能力

中职学生的学习能力存在一定的差异,在设计跨学科教学内容时,要充分考虑这一因素。对于基础相对薄弱的学生,教学内容的难度应从较低水平起步。以电子电器专业为例,在教授电路原理与电子技术的跨学科知识时,开始可以从简单的电路连接、基本电子元件的认识入手,如电阻、电容、二极管等元件的外观、功能和基本参数。随着学生学习能力的逐步提高,再深入复杂电路分析和电子电路设计等难度较大的内容。

同时,要关注学生的学习能力发展曲线。在不同的学习阶段,学生对知识的接受能力不同。在教学内容的编排上,要遵循由浅入深、循序渐进的原则。例如,在机械制造与自动化专业中,在一年级时,学生主要学习机械制图、基础机械加工等相对基础的知识,这些知识的深度较浅,主要是让学生建立对机械制造行业的基本概念和基本操作技能。到了二年级,开始引入自动化控制原理等跨学科知识,并且在机械制造知识的深度上也有所增加,如复杂零件的加工工艺等。

2.契合职业岗位的要求

教学内容的深度和难度也要契合职业岗位的要求。以数控加工专业为例,对于数控车床操作岗位,学生需要熟练掌握数控编程(计算机学科与机械学科的跨学科知识)的基本指令和编程方法,能够根据零件图纸进行简单的程序编写。这部分教学内容的难度和深度主要围绕数控车床操作岗位的日常工作需求,不需要过于深入地涉及复杂的算法优化等高级内容。

而对于数控加工技术研发岗位,教学内容的深度和难度则要大幅提高。除了基本的数控编程知识外,还需要深入学习计算机算法、机械动力学等跨学科知识,并且能够运用这些知识进行数控加工工艺的优化、新的数控编程算法的研发等工作。因此,在设计教学内容时,要对不同职业岗位进行详细分析,确保教学内容的深度和难度与岗位要求精准匹配。

(三)教学内容的情境化与案例化设计

1.创设职业情境

在跨学科教学内容设计中,创设职业情境有助于提高学生的学习兴趣和职业认同感。以酒店管理专业为例,可以创设酒店前台接待的职业情境。在这个情境中,学生需要运用英语(语言学科)进行国际客人的接待和沟通,运用酒店管理知识(酒店管理学科)处理客人的入住登记、客房安排等事务,同时还要运用计算机知识(计算机学科)操作酒店管理系统。通过这种职业情境的创设,学生仿佛置身于真实的酒店工作环境中,从而增强他们对职业岗位的理解和适应能力。

在服装设计专业中,创设时装秀场的情境。学生在这个情境中,要综合运用服装设计知识（服装设计学科）、舞台艺术知识（艺术学科）以及市场营销知识（营销学科）。他们要根据时装秀的主题设计服装款式（服装设计知识），考虑舞台灯光、音乐等因素对服装展示效果的影响（舞台艺术知识），并且预测市场对设计款式的接受程度（市场营销知识）。

2.引入实际案例

实际案例的引入能够使抽象的跨学科知识变得更加直观和易于理解。以建筑工程专业为例，可以引入某大型商业建筑建设的实际案例。在这个案例中，学生可以看到建筑力学（建筑学科与力学学科的跨学科知识）在建筑结构设计中的应用，如高楼大厦的框架结构如何承受巨大的重力和风力；建筑材料学（材料学科）知识体现在不同部位材料的选择上，如基础部分选用高强度混凝土，而外立面可能选用美观且保温性能好的新型材料；建筑施工技术（建筑学科）则展示了从基础施工到主体结构施工再到装修工程的整个过程。

在电子商务专业中，引入某知名电商企业的运营案例。学生可以了解到网络营销（营销学科与计算机学科的跨学科知识）是如何通过社交媒体、搜索引擎优化等手段吸引流量；物流管理（物流学科与计算机学科的跨学科知识）如何实现商品的高效配送；客户关系管理（营销学科与计算机学科的跨学科知识）如何通过数据分析来提高客户满意度等跨学科知识在实际运营中的应用。

（四）教学内容的创新与前沿性体现

1.引入新兴学科知识

为了使中职学生能够适应社会的快速发展，跨学科教学内容应积极引入新兴学科知识。例如，在物联网应用专业中，除了传统的电子技术、计算机网络技术等学科知识外，要引入人工智能、区块链等新兴学科知识。人工智能技术可以用于物联网设备的智能控制和数据分析，如智能家居系统中的智能语音助手通过人工智能算法理解用户的指令并控制相关设备；区块链技术可以用于物联网设备之间的数据安全传输和信任机制建立，确保物联网数据的安全性和可靠性。

在生物制药专业中，引入基因编辑技术（新兴生物技术）这一前沿知识。学生需要了解基因编辑技术在药物研发、生物制药生产过程中的应用，如利用基因编辑技术开发新型的基因治疗药物，或者对微生物进行基因编辑以提高药物的生产效率。这不仅拓宽了学生的知识面,还使他们能够接触到行业的前沿动态。

2.鼓励创新思维培养

在教学内容设计中,要鼓励学生的创新思维培养。以动漫设计专业为例,可以设置一些开放性的创作课题,如设计一款融合中国传统文化元素与现代科技元素的动漫作品。学生在创作过程中,需要将美术绘画(美术学科)、故事编写(文学学科)、动画制作技术(计算机学科与美术学科的跨学科知识)等知识进行创新组合。他们可以从中国古代神话故事中汲取灵感(文学学科),运用现代的3D动画制作技术(计算机学科与美术学科的跨学科知识)进行呈现,并且在角色形象、场景设计等方面融入中国传统的绘画风格(美术学科)。

在汽车改装专业中,鼓励学生进行个性化汽车改装方案的创新设计。学生可以将汽车工程知识(汽车学科)、美学设计知识(美术学科)、新材料应用知识(材料学科)等进行创新融合。例如,利用新型的轻质材料(材料学科)对汽车进行轻量化改装,同时根据美学设计知识(美术学科)设计出独特的外观造型,并且确保改装后的汽车在性能上符合汽车工程原理(汽车学科)。

跨学科教学模式的教学内容设计是构建有效的跨学科教学模式的关键环节,通过合理选择与整合跨学科知识、把控难度深度、情境化案例化设计以及体现创新前沿性等多方面的努力,可以提高中职教育的教学质量,培养出适应社会需求的复合型中职人才。

五、跨学科教学模式的教学方法创新

(一)项目式教学法

1.项目设计的跨学科性

在跨学科教学模式下,项目式教学法的项目设计要充分体现跨学科性。以“智能校园环境优化项目”为例,这个项目需要融合多个学科的知识。在建筑与规划方面,学生要运用建筑学知识规划校园内不同功能区域的布局,如教学区、生活区、休闲区等的合理分布,考虑建筑的朝向、间距等因素,这涉及建筑学科的基本原理。同时,在环境科学方面,学生需要了解如何通过植被配置、水体净化等手段改善校园环境质量,这就需要掌握植物学、生态学以及水处理技术等相关知识。此外，在信息技术领域，为了实现智能校园的目标，学生要利用计算机编程、传感器技术等知识构建智能监控系统，实现对校园环境参数（如温度、湿度、空气质量等）的实时监测和自动调控。

"文化旅游产品开发项目"涵盖了文化学、旅游学、艺术设计、市场营销等多学科知识。从文化学角度，学生要深入挖掘当地的历史文化、民俗文化等资源，将其作为文化旅游产品的核心内容。旅游学知识则用于规划旅游线路、设计旅游体验活动等。艺术设计学科为文化旅游产品提供了视觉呈现，如设计具有地方特色的旅游纪念品、景区标识等。市场营销知识确保产品能够推向市场，通过市场调研、品牌推广、渠道选择等手段提高产品的知名度和吸引力。

2.项目实施过程中的团队协作与分工

在项目实施过程中，团队协作与分工是非常重要的环节。以"智能校园环境优化项目"为例，团队成员可以根据各自的专业特长进行分工。擅长建筑学的学生可以负责校园建筑布局的规划和设计草图绘制；具有环境科学背景的学生承担植被和水体相关的优化工作，包括植物种类的选择、水体净化方案的制定等；而精通信息技术的学生则专注于智能监控系统的搭建，编写程序代码、安装和调试传感器等。然而，这并不意味着各自为政，团队成员之间需要密切协作。例如，负责建筑布局的学生需要与环境科学专业的学生沟通，确保建筑布局不会对校园内的生态环境造成负面影响；信息技术专业的学生也要与其他成员协作，了解他们对智能监控系统的功能需求，以便更好地进行系统设计。

在"文化旅游产品开发项目"中，团队成员的分工同样基于各自的学科优势。文化学专业的学生负责文化资源的深度挖掘和文化内涵的提炼；旅游学专业的学生主导旅游线路的规划和旅游体验活动的设计；艺术设计专业的学生精心设计旅游纪念品、宣传海报等视觉产品；市场营销专业的学生则着手进行市场调研、制定营销策略。在项目推进过程中，各个环节相互关联，如艺术设计的成果需要符合文化内涵，并且要考虑市场需求，这就需要不同专业的成员不断交流、协调，共同推进项目的顺利进行。

(二)问题导向教学法

1.跨学科问题的设置

在跨学科教学中,问题导向教学法的关键在于设置跨学科问题。例如,在“城市交通拥堵治理”问题中,这涉及多个学科的知识。从交通工程学角度看,要考虑道路规划、交通信号设置等问题,如何优化道路网络结构、合理设置交通信号灯的时长和相位,以提高道路的通行能力。城市规划学科则关注土地利用与交通需求的关系,如何通过合理的城市功能分区布局减少不必要的交通流量,如将商业区、住宅区和工作区进行科学布局,减少居民的通勤距离。此外,环境保护学科也参与其中,因为交通拥堵会导致汽车尾气排放增加,如何在治理交通拥堵的同时减少尾气污染也是需要考虑的问题,这可能涉及推广新能源汽车、优化交通管理以减少车辆怠速时间等措施。

以“古建筑保护与现代城市发展的平衡”问题为例,它跨越了建筑学、历史学、城市规划学和社会学等学科。建筑学方面,要研究古建筑的结构特点、建筑材料和建筑工艺,以便制定科学的保护方案。历史学能为古建筑的价值评估提供依据,了解其背后的历史文化意义。城市规划学需要考虑如何在城市空间布局中为古建筑留出足够的保护空间,同时又能满足现代城市发展的需求,如基础设施建设、新建筑的布局等。社会学则关注古建筑在当地居民心中的地位和意义,以及保护古建筑对社区文化传承和社会凝聚力的影响。

2.引导学生跨学科解决问题的过程

在“城市交通拥堵治理”问题的解决过程中,教师要引导学生进行跨学科思考。首先,学生要收集各个学科相关的数据和信息,如交通流量数据(交通工程学)、城市土地利用现状(城市规划学)、汽车尾气排放数据(环境保护学科)等。然后,学生要综合分析这些数据,找出交通拥堵的深层次原因。例如,可能是城市规划不合理导致交通流量集中在某些区域,或者是交通信号设置不科学导致道路资源利用效率低下。接下来,学生要提出跨学科的解决方案,可能包括重新规划城市功能分区(城市规划学)、优化交通信号控制系统(交通工程学)、推广绿色出行方式(环境保护学科)等措施。在这个过程中,学生需要不断地在不同学科知识之间进行切换和融合,教师则要适时地给予指导和启发。

对于“古建筑保护与现代城市发展的平衡”问题，教师引导学生从不同学科角度出发。建筑学专业的学生可以先对古建筑进行详细的测绘和结构分析，为保护方案提供技术支持。历史学专业的学生深入研究古建筑的历史背景和文化价值，为其在城市中的定位提供依据。城市规划学的学生则在城市整体规划框架下，提出古建筑保护区域的规划方案，确保古建筑与周边现代建筑的和谐共处。社会学专业的学生通过问卷调查、访谈等方式，了解当地居民对古建筑保护的看法和期望，为保护方案的社会可行性提供参考。最后，学生要将各个学科的研究成果进行整合，形成一个全面的、兼顾古建筑保护和现代城市发展的方案。

（三）探究式教学法

1. 跨学科探究主题的确定

在探究式教学法中，跨学科探究主题的确定至关重要。例如，“海洋生态系统与沿海城市可持续发展”这一主题就具有很强的跨学科性，涉及海洋生物学、海洋地质学、海洋环境学、城市规划学、经济学等多个学科。海洋生物学研究海洋生物的种类、分布、生态习性等，这是海洋生态系统的重要组成部分。海洋地质学探讨海底地形、地质构造等因素对海洋生态系统的影响，如海底地貌如何影响海洋水流、营养物质的分布等。海洋环境学关注海洋污染、气候变化对海洋生态系统的影响，以及如何保护海洋环境。城市规划学则着眼于沿海城市的空间布局、功能分区等，如何在保护海洋生态系统的前提下实现城市的可持续发展。经济学方面，要考虑沿海城市的海洋产业发展，如渔业、海洋旅游业、海洋能源开发等的经济收益与生态保护的平衡。

另一个探究主题“传统手工艺的传承与现代创新”也跨越了多个学科。从艺术学角度看，传统手工艺具有独特的艺术价值，如民间剪纸、刺绣等，它们的造型、色彩、工艺都体现了民间艺术的智慧。民俗学研究传统手工艺背后的民俗文化内涵，它们往往与当地的民俗活动、传统节日等密切相关。材料科学关注传统手工艺的材料特性，如某些手工艺使用的天然材料的性能、来源等。市场营销学考虑如何将传统手工艺推向市场，实现传承与创新的经济价值，包括产品定位、品牌打造、销售渠道等方面。

2. 学生自主探究过程中的跨学科资源整合

在“海洋生态系统与沿海城市可持续发展”的探究过程中，学生需要整合多个学科的资源。首先,学生要从海洋生物学、海洋环境学等学科获取海洋生态系统的相关数据,如海洋生物多样性数据、海水污染指标等。从海洋地质学中获取海底地形、地质构造等信息,这些信息有助于理解海洋生态系统的形成和发展。在城市规划学方面,学生要收集沿海城市的规划图纸、功能分区资料等。经济学领域,要查找海洋产业的统计数据、发展趋势报告等。然后,学生要将这些来自不同学科的资源进行整合分析。例如,通过分析海洋生态系统的现状和沿海城市的发展规划,找出可能存在的冲突点,如海洋产业发展可能对海洋生态环境造成的压力,或者城市建设对海洋生态系统的破坏。最后,学生要根据整合分析的结果,提出自己的探究结论和建议。例如,如何调整海洋产业结构以保护海洋生态系统,或者如何优化沿海城市的规划以实现可持续发展。

在“传统手工艺的传承与现代创新”的探究中,学生同样需要整合多学科资源。从艺术学中获取传统手工艺的艺术特色和表现形式,为民俗学研究提供视觉参考。民俗学研究成果可以为市场营销学提供文化卖点,将传统手工艺的民俗文化内涵融入产品推广中。材料科学的研究结果有助于改进传统手工艺的材料使用,或者开发新的材料替代传统材料以提高产品质量或降低成本。学生在整合这些资源的过程中,不断挖掘传统手工艺传承与创新的潜力,提出如创新传统手工艺的表现形式、拓展销售渠道、利用现代材料提升产品品质等建议。

跨学科教学模式的教学方法创新为中职教育提供了更有效的教学途径,有助于培养学生的跨学科思维能力、团队协作能力和自主探究能力,从而更好地适应社会对复合型人才的需求。

六、跨学科教学模式的教学手段创新

(一)信息技术手段的运用

1.虚拟实验室

虚拟实验室在跨学科教学中具有重要意义。以机械制造与电子工程的跨学科教学为例,虚拟实验室可以模拟复杂的机械加工过程和电子电路的搭建与测试。在机械制造方面,学生可以通过虚拟实验室观察不同刀具在不同材质上的切削效果,了解切削参数(如切削速度、进给量、切削深度等)对加工精度和表面质量的影响,而这些知识涉及机械原理、材料力学等跨学科内容。在电子工程领域,学生能够在虚拟实验室中构建各种电子电路,如放大电路、滤波电路等,实时观察电路的工作状态,包括电压、电流的变化情况,这需要运用电子技术、电路原理等多学科知识。

对于生物化学与药学的跨学科教学,虚拟实验室也大有用途。学生可以在虚拟环境中模拟生物体内的化学反应过程,了解药物分子在生物体内的代谢途径。例如,通过虚拟实验室模拟药物分子与生物酶的相互作用,研究药物的作用机制,这涉及生物化学中的酶学原理、药学中的药物作用原理等多学科知识。同时,还可以利用虚拟实验室进行药物合成的模拟,观察不同反应条件下药物合成的过程和结果,这对于化学合成原理和药学质量控制等方面的跨学科教学非常有帮助。

2.在线教学平台

在线教学平台为跨学科教学提供了丰富的资源和便捷的交流空间。首先,在资源整合方面,以建筑设计与历史文化保护的跨学科教学为例,在线教学平台可以汇聚来自不同地区、不同院校的建筑案例资料以及历史文化研究成果。教师可以将世界各地著名建筑的设计图纸、三维模型等资料上传到平台,同时也能分享与这些建筑相关的历史文化背景资料,如建筑背后的历史故事、文化传承等。这些资源涵盖了建筑学、历史学、文化学等多学科知识,学生可以根据自己的需求随时查看和学习。

在交流互动方面,在线教学平台打破了时空限制。以服装设计与市场营销的跨学科教学为例,学生可以在平台上与来自不同专业背景的同学进行小组讨论。服装设计专业的学生可以展示自己的设计作品,阐述设计理念,包括从艺术审美、面料选择等角度的考虑;市场营销专业的学生则可以根据市场需求、消费者喜好等方面对设计作品提出反馈和建议。教师也可以参与到讨论中,引导学生从跨学科的角度思考问题,如将服装设计与市场营销策略相结合,以提高产品的市场竞争力,这涉及服装设计、市场营销、消费者心理学等多学科知识的融合。

(二)实践教学手段的创新

1.跨学科实习基地

跨学科实习基地是实现跨学科教学的重要实践场所。以农业科技与生态旅游的跨学科教学为例,建立在农场或农业园区的实习基地可以为学生提供丰富的实践机会。在这个实习基地中,学生可以学习到农业种植技术、农产品加工技术等农业科技知识,同时也能深入了解生态旅游的规划与运营。例如,学生可以参与农场的有机蔬菜种植项目,学习土壤改良、灌溉技术、病虫害防治等农业知识(涉及土壤学、植物保护学等学科),然后将这些知识与生态旅游相结合,规划出以有机农业为主题的生态旅游线路,如设计游客参与蔬菜采摘、农产品加工体验等旅游项目,这就涉及旅游学、市场营销学等学科知识。

在汽车制造企业的实习基地里,学生不仅能够学习汽车的生产制造流程,包括冲压、焊接、涂装、总装等工艺(涉及机械工程、材料科学等学科知识),还可以了解智能交通系统对汽车的要求以及汽车在智能交通环境下的运行情况。例如,学生可以参与汽车智能驾驶辅助系统的测试工作,学习如何将汽车工程技术与智能交通技术(如车联网、自动驾驶技术等,涉及计算机科学、通信工程等学科)相结合,提高汽车的安全性和智能化水平。

2. 跨学科竞赛

跨学科竞赛是激发学生创新能力和跨学科思维的有效手段。以环保科技与创意设计的跨学科竞赛为例,竞赛要求学生运用环保科学知识和创意设计理念解决实际的环境问题。学生可能需要将环境工程学中的污染治理技术与工业设计中的产品造型设计相结合,设计出既美观又能有效治理污染的环保设备。例如,针对城市垃圾处理问题,学生可以设计出一种小型的、适合家庭使用的垃圾分类回收装置,这个装置的设计要考虑垃圾的分类方式、处理流程等环保科学知识,同时也要注重产品的外观设计、易用性等工业设计因素,这涉及环境科学、工业设计等多学科知识的融合。

在新能源与电气工程的跨学科竞赛中,学生要综合运用新能源技术(如太阳能、风能等发电技术)和电气工程知识(如电路设计、电力传输等)来构建高效的新能源发电与供电系统。例如,学生可能会设计一个小型的太阳能-风能互补发电系统,包括太阳能电池板和风力发电机的选型、安装,电路的连接和控制,储能装置的设计等,在这个过程中,他们需要不断地在新能源技术和电气工程两个学科之间进行知识的整合和创新,以提高发电系统的效率和稳定性。

（三）多元评价手段的运用

1.过程性评价与终结性评价相结合

在跨学科教学模式中，过程性评价与终结性评价相结合能够更全面地反映学生的学习成果。以烹饪与营养健康的跨学科教学为例，过程性评价可以包括学生在烹饪实践课程中的表现，如食材的选择是否符合营养健康标准（涉及营养健康学知识），烹饪操作是否规范（涉及烹饪技术知识），以及在小组合作烹饪项目中的团队协作能力。教师可以根据学生在每次实践课程中的表现给予及时的反馈和评价，帮助学生不断改进。终结性评价则可以通过一次综合性的烹饪考试来进行，要求学生制作一道完整的菜品，既要考虑菜品的口味和外观（烹饪技术），也要确保菜品的营养搭配合理（营养健康学）。

对于艺术表演与舞台技术的跨学科教学，过程性评价可以关注学生在平时排练中的表现。例如，演员在表演过程中的情感表达、动作技巧（艺术表演学科），以及舞台技术人员对灯光、音响等设备的操作熟练程度和对表演氛围的营造能力（舞台技术学科）。同时，还可以评价学生在跨学科团队合作中的沟通能力和问题解决能力。终结性评价可以通过一场正式的演出进行，观众的反响、专家的评审等都可以作为评价的依据，综合考量表演和舞台技术在最终演出效果中的呈现。

2.多主体评价

多主体评价在跨学科教学中能够提供更全面、客观的评价结果。以园林设计与植物学的跨学科教学为例，多主体评价可以包括教师评价、同学互评和行业专家评价。教师评价可以从教学目标的达成情况出发，评价学生在园林设计方案中对植物学知识的运用是否合理，如植物的选择是否适合当地气候、植物的配置是否符合园林美学原则等。同学互评可以促进学生之间的交流和学习，学生可以从不同的角度对彼此的设计方案提出建议，如从创意、实用性等方面。行业专家评价则更具权威性，专家可以根据行业的发展趋势和实际需求，对学生的设计方案提出建设性的意见，如园林设计方案是否符合现代城市建设对园林景观的要求，是否具有创新性和可持续性等。

在机器人技术与人工智能的跨学科教学中，多主体评价同样发挥重要作用。教师评价可以关注学生在机器人编程、人工智能算法应用等方面的知识掌握情况和实践操作能力。同学互评可以让学生互相学习对方在机器人设计、人工智能模型构建等方面的优点，同时也能发现彼此存在的问题。行业专家评价则能够站在行业前沿的高度，对学生设计的机器人的智能化水平、应用前景等进行评估，为学生的学习和发展提供更具前瞻性的指导。

本节为我们提供了构建中职教育跨学科教学模式的具体思路和方法。明确的构建原则和详细的设计方案，为跨学科教学模式的实施指明了方向。在实践中，我们要严格遵循这些原则，根据实际情况进行灵活调整，不断完善跨学科教学模式，使其更好地服务于中职教育的目标和学生的成长。①

第三节 中职教育课程融合实施的问题与反思

在中职教育课程融合实施过程中，难免会遇到各种问题。只有正视这些问题，并进行深刻反思，才能不断改进和完善课程融合实践。本节将聚焦课程融合实施中的问题，分析问题产生的原因，并进行反思。通过对问题的反思，我们能吸取经验教训，为今后的教学改革提供参考。

一、课程融合实施过程中的问题

中职教育课程融合是顺应时代发展和职业教育改革趋势的重要举措，其目的在于培养适应社会多元化需求的复合型技术技能人才。然而，在实际推进过程中，面临着诸多复杂且亟待解决的问题，这些问题涉及师资、课程、学生以及校企合作等多个层面，严重制约了课程融合的有效实施和人才培养质量的提升。

（一）师资队伍建设问题

1.教师跨学科知识储备不足

中职学校的教师大多是单一学科背景出身，长期专注于某一学科的教学，对其他学科的知识了解有限。例如，计算机专业的教师可能对机械制

①华子荀，吴鹏泽．教育创新发展 基于跨学科教育实践与典型案例[M]．北京：光明日报出版社，2024：128-137.

造领域的知识知之甚少，而机械专业的教师对电子信息技术方面的内容掌握不足。在课程融合的教学中，需要教师具备跨学科的知识体系，能够将不同学科的知识有机融合。但由于教师自身知识储备的局限，难以在教学中实现真正意义上的课程融合，导致教学内容仍停留在各学科独立讲解的层面，无法充分发挥课程融合的优势。

以一个涉及物联网技术的跨学科项目为例，该项目需要融合计算机科学、电子工程和通信技术等多学科知识。计算机专业的教师可能擅长编程和软件开发，但对于电子电路的设计和通信协议的理解不够深入；电子工程专业的教师则可能在硬件设计和电路分析方面有优势，但在软件开发和数据处理方面存在不足。这种知识储备的局限性使得教师在指导学生完成项目时，无法全面地给予学生支持和引导，学生也难以从教师那里获得跨学科的综合知识和方法。

2.教师跨学科教学能力欠缺

除了知识储备不足，教师的跨学科教学能力也有待提高。课程融合要求教师采用新的教学方法和策略，打破传统学科教学的模式。然而，很多教师习惯于传统的教学方式，缺乏组织跨学科教学活动、引导学生进行跨学科学习的能力。在教学过程中，教师可能无法有效地引导学生将不同学科的知识联系起来，解决实际问题。

例如，在组织一个跨学科项目时，教师可能不能很好地协调各学科知识的运用，导致学生在项目实施过程中出现知识衔接不畅、思维局限等问题。教师可能仍然按照传统的学科顺序进行教学，而没有将各学科的知识有机地融合在一起，让学生在解决实际问题的过程中体会到跨学科知识的价值。此外，教师在引导学生进行团队合作、培养学生的创新思维和实践能力等方面也存在不足，无法充分发挥课程融合的育人功能。

3.教师培训机制不完善

目前，中职学校针对教师的培训主要集中在本学科领域，缺乏系统的跨学科教学培训。虽然有些学校会组织教师参加一些培训活动，但这些培训往往缺乏针对性和持续性，无法满足教师在课程融合教学中的实际需求。教师在培训中可能只是接触到一些跨学科教学的理论知识，缺乏实际操作和实践经验。

例如，培训内容可能只是一些关于跨学科教学理念和方法的讲座，而没有提供具体的案例分析和实践操作机会。教师在培训后很难将所学知识应用到实际教学中，无法真正提升自己的跨学科教学能力。此外，培训后的反馈和跟踪机制也不健全，学校没有对教师在培训后的教学实践进行有效的指导和评估，导致教师在教学中仍然沿用传统的教学方法，无法实现课程融合的目标。

（二）课程设置与资源整合问题

1.课程设置缺乏系统性

在课程融合实施过程中，课程设置存在缺乏系统性的问题。学校在制定课程计划时，往往只是简单地将不同学科的课程进行拼凑，没有充分考虑各学科之间的内在联系和逻辑关系。例如，在一些课程融合的专业中，不同学科的课程安排缺乏连贯性，学生在学习过程中难以建立起完整的知识体系。

以一个机电一体化专业为例，该专业涉及机械设计、电子技术、自动控制等多个学科的知识。但在课程设置上，可能机械设计课程和电子技术课程之间没有很好的衔接，学生在学习电子技术课程时，无法将所学知识与之前学习的机械设计知识联系起来，导致知识的碎片化。同时，课程设置也没有充分考虑学生的认知规律和职业发展需求，导致课程内容与学生的实际水平和未来职业方向脱节。

2.教学资源整合困难

课程融合需要整合各学科的教学资源，包括教材、教学设备、教学软件等。但在实际操作中，教学资源的整合面临着诸多困难。一方面，不同学科的教材编写体系和内容侧重点不同，很难找到一套适合课程融合教学的教材。学校需要花费大量的时间和精力去编写或改编教材，以满足课程融合的需求。

例如，机械专业的教材注重机械原理和设计方法的讲解，而电子专业的教材则侧重于电子电路和编程技术的介绍。在课程融合的教学中，需要将这两方面的知识有机地结合起来，但现有的教材很难满足这一需求。学校需要组织教师编写跨学科的教材，但编写教材需要投入大量的人力、物力和时间，而且教材的质量也难以保证。另一方面，教学设备和软件的整合也存在问题。不同学科的教学设备和软件往往具有专业性和独立性，难以实现资源的共享和协同使用。

例如，机械制造专业的实训设备与电子信息技术专业的实验设备在功能和操作方式上存在较大差异，很难将它们整合到一个跨学科的教学项目中。学校需要投入大量的资金来更新和升级教学设备，以满足课程融合的教学需求，但这对于一些资金有限的学校来说是一个巨大的挑战。

3.缺乏有效的课程评价体系

目前，中职学校的课程评价体系主要以传统的学科评价为主，缺乏针对课程融合的有效评价体系。传统的评价方式注重学生对单一学科知识的掌握程度，无法全面评价学生在课程融合学习中的综合能力和素养。在课程融合的教学中，学生需要具备跨学科的知识运用能力、实践能力、创新能力等，但现有的评价体系无法对这些能力进行准确的评估。

例如，在评价学生的学习成绩时，仍然主要以考试成绩为主，而考试内容往往只涉及单一学科的知识，无法反映学生在跨学科学习中的表现。此外，评价指标和方法也比较单一，忽略了学生在学习过程中的表现和进步。这种评价体系不利于激励学生积极参与课程融合学习，也无法为教师改进教学提供有效的反馈。

（三）学生学习适应问题

1.学习观念转变困难

长期以来，中职学生习惯于传统的学科教学模式，形成了固定的学习观念。在课程融合的教学中，要求学生打破学科界限，采用跨学科的学习方法。但很多学生难以适应这种转变，仍然按照传统的学习方式进行学习，只注重单一学科知识的学习，忽视了各学科之间的联系。

例如，在学习跨学科课程时，学生可能只关注自己感兴趣的学科内容，对其他学科的知识缺乏学习的积极性和主动性。他们认为不同学科的知识是相互独立的，没有认识到各学科之间的内在联系和相互作用。这种学习观念的转变困难，影响了学生对课程融合的接受程度和学习效果。

2.学习能力不足

课程融合对学生的学习能力提出了更高的要求，包括自主学习能力、合作学习能力、问题解决能力等。然而，中职学生的学习基础相对薄弱，学习能力普遍较低。在跨学科学习中，学生需要具备较强的自主学习能力，能够自主获取和整合不同学科的知识。但很多学生缺乏自主学习的意识和方法，在学习过程中依赖教师的指导，难以独立完成学习任务。

例如,在一个跨学科项目中,学生需要自主查阅相关资料,了解不同学科的知识和方法,并将其应用到项目中。但很多学生不知道如何查找资料,也不知道如何对资料进行整理和分析,导致项目进展缓慢。同时,学生的合作学习能力也有待提高。在跨学科项目学习中,需要学生与同学进行合作交流,共同完成项目任务。但有些学生缺乏团队合作精神,在合作过程中出现沟通不畅、分工不明确等问题,影响了项目的顺利进行。

3.学习压力增大

课程融合的教学内容更加丰富和复杂,学生需要学习的知识和技能更多。这导致学生的学习压力增大,尤其是对于一些学习基础较差的学生来说,可能会感到力不从心。在学习过程中,学生需要花费更多的时间和精力去理解和掌握跨学科的知识,同时还要完成各种实践项目和作业。

例如,在一个涉及多个学科的综合项目中,学生需要掌握机械设计、电子技术、编程等多方面的知识和技能,并将其应用到项目中。这对于一些基础薄弱的学生来说是一个巨大的挑战,他们可能需要花费更多的时间来学习和实践,但仍然难以达到项目的要求。此外,由于课程评价体系的不完善,学生担心自己的学习成绩受到影响,进一步加重了他们的学习压力。过大的学习压力可能会导致学生产生厌学情绪,影响他们的学习积极性和学习效果。

(四)校企合作问题

1.校企合作深度不够

目前,中职学校与企业的合作大多停留在表面层次,缺乏深度合作。企业参与课程融合的程度较低,主要表现为企业对学校的课程设置、教学内容和教学方法的参与度不高。企业往往只是为学生提供实习基地,很少参与到学校的课程开发和教学过程中。

例如,企业在课程设置方面,没有充分考虑到企业的实际需求和行业的发展趋势,导致学校的课程内容与企业的实际需求脱节。企业在教学过程中,也很少派专业技术人员到学校进行授课和指导,学生在学校学到的知识和技能与企业的实际应用存在一定的差距。这种校企合作深度不够的问题,导致课程融合的教学内容与企业的实际需求脱节,学生所学知识和技能无法满足企业的用人要求。

2.合作机制不健全

校企合作缺乏健全的合作机制，导致合作过程中存在诸多问题。首先，校企合作的利益分配机制不完善。学校和企业在合作中各自的利益诉求不同，但目前缺乏一种合理的利益分配机制来平衡双方的利益。企业在合作中投入了一定的资源，但可能无法获得相应的回报，这影响了企业合作的积极性。

例如，企业为学校提供实习设备和场地，安排专业技术人员指导学生实习，但企业可能无法从学生的实习中获得直接的经济效益，也无法在人才培养方面得到足够的回报。其次，校企合作的管理机制不健全。学校和企业在合作过程中缺乏有效的沟通和协调机制，导致合作项目的实施效率低下。例如，在学生实习过程中，学校和企业对学生的管理责任不明确，出现问题时容易相互推诿。此外，校企合作的评价和监督机制也不完善，无法对合作项目的质量和效果进行有效的评估和监督。

3.企业参与积极性不高

企业参与中职教育课程融合的积极性不高，主要原因包括以下几个方面。一是企业认为参与中职教育课程融合会增加企业的成本，如提供实习设备、安排指导人员等。企业需要投入大量的人力、物力和财力来支持学校的教学工作，但可能无法从合作中获得直接的经济效益。

例如，企业为学校提供实习设备需要花费大量的资金，安排专业技术人员指导学生实习也需要支付一定的费用，但企业可能无法从学生的实习中获得足够的回报。二是企业对中职学生的素质和能力存在疑虑。企业担心中职学生的学习能力和职业素养无法满足企业的要求，在合作过程中会给企业带来一定的风险。三是企业缺乏对社会责任的认识，没有充分认识到参与职业教育对企业自身发展和社会发展的重要意义。

中职教育课程融合实施过程中面临着诸多问题，这些问题相互关联、相互影响，严重制约了课程融合的顺利实施和发展。师资队伍建设问题导致教师无法有效地开展跨学科教学，课程设置与资源整合问题使得课程融合缺乏系统性和有效性，学生学习适应问题影响了学生的学习效果和积极性，校企合作问题导致课程融合与企业实际需求脱节。要解决这些问题，需要学校、教师、企业等各方共同努力，采取有效的措施加以改进。

二、课程融合实施过程中的反思

(一)对教育理念的反思

1.重新审视职业教育目标

在课程融合实施过程中,需要重新审视中职职业教育的目标。传统的中职教育目标主要侧重于培养学生的单一职业技能,而课程融合强调培养学生的综合职业能力和跨学科素养。我们应该认识到,随着社会经济的发展和科技的进步,职业岗位对人才的要求越来越高,单一技能型人才已经难以满足市场的需求。

中职教育应该以培养适应社会发展和职业变化的复合型人才为目标,注重学生的全面发展。在课程融合中,要将职业素养、创新能力、团队合作能力等纳入教育目标体系,使学生不仅具备扎实的专业技能,还具备良好的综合素质和职业竞争力。例如,在培养电子信息技术专业的学生时,不仅要让学生掌握电子电路设计、编程等专业技能,还要培养学生的创新思维、团队合作精神和沟通能力,使学生能够适应电子信息技术行业快速发展的需求。

2.树立跨学科教育理念

课程融合的实施需要树立跨学科教育理念。跨学科教育强调打破学科界限,促进不同学科之间的交流与融合。学校和教师应该深刻认识到跨学科教育的重要性,摒弃传统的学科本位思想。在教学过程中,要引导学生从跨学科的角度去思考问题,培养他们的跨学科思维能力。

例如,在设计教学项目时,要充分考虑各学科之间的联系,让学生在解决实际问题的过程中,综合运用不同学科的知识和方法。教师可以引导学生从多个学科的视角分析问题,鼓励学生提出创新的解决方案。同时,学校要营造跨学科教育的氛围,鼓励教师开展跨学科教学研究和实践,推动跨学科教育的发展。例如,学校可以组织跨学科的学术讲座、研讨会等活动,让教师和学生了解不同学科的最新发展动态和研究成果,拓宽他们的视野。

3.关注学生的个性化发展

每个学生都有自己的兴趣、特长和学习风格,课程融合应该关注学生的个性化发展。在课程设置和教学过程中,要充分考虑学生的个体差异,为学生提供多样化的学习选择。学校可以开设选修课程,让学生根据自己的兴趣和职业规划选择适合自己的课程。

例如，对于对机械制造感兴趣的学生，可以提供机械设计、模具制造等选修课程；对于对电子信息技术感兴趣的学生，可以提供单片机编程、嵌入式系统开发等选修课程。在教学方法上，要采用个性化教学方法，满足不同学生的学习需求。例如，对于学习能力较强的学生，可以提供一些拓展性的学习任务，激发他们的学习潜力；对于学习困难的学生，要给予更多的关注和帮助，提供有针对性的辅导。教师可以根据学生的学习情况，制定个性化的学习计划，帮助学生提高学习成绩和综合素质。

（二）对教学改革的反思

1.优化课程设置

针对课程设置缺乏系统性的问题，需要对课程设置进行优化。学校要组织专业教师和企业专家共同参与课程开发，根据职业岗位的需求和学生的认知规律，构建科学合理的课程体系。在课程设置上，要注重各学科之间的内在联系和逻辑关系，合理安排课程顺序和课时。

例如，可以设置基础课程、专业核心课程和拓展课程，基础课程为学生打下坚实的知识基础，专业核心课程突出专业特色和职业技能培养，拓展课程则为学生提供跨学科的知识和技能拓展。同时，要加强实践课程的设置，提高实践教学的比重，让学生在实践中更好地掌握知识和技能。例如，在电子信息技术专业的课程设置中，可以增加电子电路实验、单片机开发实践等实践课程，让学生在实践中加深对理论知识的理解和掌握，提高他们的实践操作能力。

2.创新教学方法和策略

课程融合需要创新教学方法和策略。教师要摒弃传统的以教师为中心的教学模式，采用以学生为中心的教学方法，如项目驱动教学法、案例教学法、小组合作学习法等。在项目驱动教学中，教师可以设计具有挑战性的项目，让学生在项目实施过程中自主学习、合作探究，培养他们的实践能力和创新能力。

例如，在一个电子产品设计项目中，教师可以引导学生自主查阅资料、设计方案、制作产品，并对产品进行测试和优化。在这个过程中，学生需要综合运用电子电路设计、编程、机械设计等多方面的知识和技能，锻炼了他们的实践能力和创新思维。案例教学法可以通过实际案例分析，引导学生运用所学知识解决实际问题，提高他们的问题解决能力。小组合作学习法可以促进学生之间的交流与合作，培养他们的团队合作精神和沟通能力。此外，教师还可以利用现代信息技术，如在线教学平台、虚拟仿真实验等，丰富教学资源和教学手段，提高教学效果。

3.完善教学评价体系

建立完善的教学评价体系是课程融合实施的重要保障。评价体系要全面、客观地评价学生的学习过程和学习成果，注重学生的综合能力和素养的评价。在评价指标上，除了要关注学生的考试成绩外，还要考虑学生的实践能力、创新能力、团队合作能力等方面。

例如，可以采用多元化的评价方式，包括课堂表现评价、作业评价、项目评价、考试评价等。在评价主体上，要实现多元化，除了教师评价外，还可以引入学生自评、互评和企业评价。企业评价可以让学校了解学生在实际工作中的表现和能力，为学校改进教学提供参考。例如，学校可以邀请企业专家参与学生的项目评价，从企业的角度对学生的作品和能力进行评价，提出宝贵的意见和建议。同时，学校要根据评价结果，及时调整教学策略和方法，不断提高教学质量。

（三）对师资队伍建设的反思

1.加强教师培训

针对教师跨学科教学能力不足的问题，要加强教师培训。学校要制定系统的教师培训计划，为教师提供多样化的培训机会。培训内容要包括跨学科知识、跨学科教学方法和策略、现代信息技术应用等方面。

在跨学科知识培训方面，学校可以邀请不同学科的专家来校开展讲座和培训课程，让教师了解其他学科的基本概念、理论和方法。例如，对于计算机专业的教师，可以安排机械制造、电子工程等学科的专家进行授课，使他们了解机械结构设计原理、电子电路基础知识等，从而为开展跨学科教学奠定知识基础。同时，学校还可以组织教师参加跨学科的学术研讨会和交流活动，让教师在与其他学科教师的交流中拓宽视野，获取跨学科的前沿信息。

在跨学科教学方法和策略培训方面，培训可以采用案例分析、小组讨论、实践操作等多种形式。通过分析成功的跨学科教学案例，让教师学习如何设计跨学科教学项目、如何引导学生进行跨学科学习、如何评价学生的跨学科学习成果等。例如，展示一个将数学、物理和计算机科学融合的项目案例，详细讲解项目的设计思路、实施过程和评价方法，让教师从中汲取经验。在小组讨论环节，教师可以分享自己在教学中遇到的问题和困惑，共同探讨解决方案。实践操作部分则让教师亲身体验跨学科教学的过程，提高他们的实际操作能力。

现代信息技术应用培训也是教师培训的重要内容。随着信息技术的飞速发展，教师需要掌握现代信息技术工具，如在线教学平台、虚拟仿真实验软件等，以丰富教学资源和教学手段。学校可以组织专门的信息技术培训课程，教授教师如何使用这些工具进行教学。例如，培训教师如何利用在线教学平台进行课程直播、布置作业、批改作业，如何使用虚拟仿真实验软件让学生进行虚拟实验，提高教学效果。

培训方式可以采用线上线下相结合的方式，线上培训可以让教师随时随地学习，线下培训可以提供实践操作和交流的机会。同时，要建立培训后的反馈和跟踪机制，确保教师将所学知识应用到实际教学中。例如，学校可以要求教师在培训后提交教学反思和改进计划，并对教师的教学进行定期检查和评估，及时给予反馈和指导。

2.引进跨学科人才

为了提高教师队伍的跨学科水平，学校可以引进跨学科人才。跨学科人才具有多学科的知识背景和丰富的实践经验，能够为课程融合教学带来新的思路和方法。学校可以通过招聘、引进等方式，吸引具有跨学科背景的教师加入教师队伍。

在招聘过程中，学校可以明确要求应聘者具有跨学科的学习和工作经历。例如，招聘具有机械工程和电子信息技术双学位的教师，或者招聘曾经在企业从事过跨学科项目研发的人员。这些跨学科人才能够将不同学科的知识和实践经验有机结合，在教学中更好地引导学生进行跨学科学习。

同时，要为跨学科人才提供良好的发展环境和待遇，激励他们积极参与课程融合教学和研究。学校可以为跨学科人才提供专门的科研经费和实验设备，支持他们开展跨学科的教学研究项目。在职称评定、评优评先等方面，要对跨学科人才给予适当的倾斜，让他们感受到学校对跨学科教学的重视和支持。此外，学校还可以邀请企业专家、行业精英等作为兼职教师，为学生传授行业最新的知识和技能，提高教学的实用性和针对性。兼职教师可以定期来校授课、举办讲座和指导学生实践项目，将企业的实际需求和行业动态带入课堂。

3. 建立教师激励机制

建立有效的教师激励机制可以激发教师参与课程融合教学的积极性和主动性。学校可以制定相关的激励政策，对在课程融合教学中表现突出的教师给予表彰和奖励。奖励可以包括物质奖励和精神奖励，如奖金、荣誉证书、晋升机会等。

例如，学校可以设立课程融合教学优秀奖，对在跨学科教学项目设计、教学方法创新、学生成绩提升等方面表现优秀的教师进行表彰和奖励。获得优秀奖的教师可以得到一定数额的奖金和荣誉证书，在职称评定和岗位晋升中也将优先考虑。同时，学校还可以将课程融合教学纳入教师的绩效考核体系，将教师的教学成果与绩效考核挂钩。例如，教师在跨学科教学研究、课程开发、教学改革等方面取得的成果，可以作为绩效考核的重要依据。学校可以制定详细的绩效考核指标，如跨学科教学项目的完成情况、学生的学习反馈、教学成果的获奖情况等，对教师的教学工作进行全面、客观的评价。通过这种激励机制，促使教师积极参与课程融合教学，不断提高自己的跨学科教学能力。

（四）对校企合作的反思

1. 深化校企合作深度

为了解决校企合作深度不够的问题，需要深化校企合作深度。学校和企业要建立长期稳定的合作关系，共同制定人才培养方案，共同参与课程开发和教学过程。

企业要更加深入地参与学校的教育教学活动，如参与课程设置、教材编写、教学评价等。在课程设置方面，企业可以根据自身的生产经营需求和行业发展趋势，为学校提供课程设置的建议。例如，企业可以分析当前行业对人才的知识和技能要求，结合学校的专业特点，提出哪些课程是学生必须掌握的，哪些课程可以进行优化或调整。在教材编写方面，企业可以提供实际的项目案例和行业数据，使教材内容更加贴近实际工作。例如，在编写电子信息技术专业的教材时，企业可以提供最新的电子产品设计方案和生产工艺，让学生学习到最实用的知识。在教学评价方面，企业可以参与学生的实践考核和毕业设计评价,从企业的角度对学生的能力和素质进行评估,提出改进意见。

学校要为企业提供技术支持和人才培养服务,帮助企业解决技术难题和培养高素质的技术人才。例如,学校可以与企业共建研发中心、实训基地等,实现资源共享、优势互补。研发中心可以开展产学研合作项目,共同攻克行业技术难题,推动技术创新。实训基地则为学生提供了真实的实践环境,让学生在实践中锻炼自己的技能。同时,企业要将学校作为人才培养的重要基地,为学生提供更多的实习和就业机会,促进学生的职业发展。企业可以根据自身的人才需求,与学校签订订单式培养协议,为学生提供定向实习和就业岗位,提高学生的就业竞争力。

2.完善合作机制

完善校企合作机制是保障校企合作顺利进行的关键。首先,要建立合理的利益分配机制,平衡学校和企业的利益。学校和企业可以通过签订合作协议,明确双方的权利和义务,规定合作项目的收益分配方式。

例如,对于校企共建的研发中心,如果研发项目取得了经济效益,学校和企业可以按照一定的比例进行收益分配。如果企业从学校培养的人才中获得了人才红利,学校也可以从企业获得一定的资金支持,用于改善教学条件和开展教学研究。其次,要建立有效的沟通和协调机制,加强学校和企业之间的信息交流和沟通。学校和企业可以定期召开合作会议,共同商讨合作项目的进展情况和存在的问题,及时解决合作中出现的矛盾和问题。例如,每月召开一次校企合作会议,双方汇报合作项目的进展情况,讨论遇到的困难和解决方案。在会议上,学校可以向企业反馈学生在实习过程中的表现和问题,企业可以向学校提出对人才培养的新要求和建议。

此外,还要建立健全的评价和监督机制,对合作项目的质量和效果进行评估和监督,确保合作项目达到预期目标。评价和监督可以从多个方面进行,如教学质量、学生实习效果、科研成果等。学校和企业可以共同制定评价指标和评价方法,定期对合作项目进行评估。例如,每学期对学生的实习效果进行评估,从学生的技能提升、职业素养养成等方面进行评价;每年对科研项目的进展和成果进行评估,看是否达到了预期的目标。对于评估结果不理想的项目,要及时采取措施进行改进。

3. 提高企业参与积极性

为了提高企业参与中职教育课程融合的积极性，政府、学校和企业三方要共同努力。政府要出台相关的政策和法规，对参与职业教育的企业给予税收优惠、财政补贴等支持，降低企业的参与成本。

例如，政府可以规定企业为职业学校提供实习设备、培训教师等可以享受一定的税收减免政策，或者给予企业一定的财政补贴，用于支持企业开展校企合作项目。同时，要加强对企业的宣传和引导，提高企业对社会责任的认识，让企业认识到参与职业教育对企业自身发展和社会发展的重要意义。政府可以通过举办宣传活动、发布政策解读等方式，向企业宣传职业教育的重要性和企业参与职业教育的好处。例如，宣传企业参与职业教育可以为企业培养高素质的人才，提高企业的创新能力和竞争力；可以促进企业与学校的产学研合作，推动技术进步和产业升级；可以履行企业的社会责任，树立良好的企业形象。

学校要加强与企业的沟通和合作，了解企业的需求和期望，为企业提供优质的服务。例如，学校可以根据企业的需求，定制人才培养方案，为企业培养符合其要求的人才。在人才培养过程中，学校可以邀请企业的技术骨干和管理人员参与教学过程，为学生传授实际工作经验和职业技能。同时，学校要及时向企业反馈学生的学习情况和成长情况，让企业了解学生的培养进展。企业自身也要转变观念，将参与职业教育作为企业发展的战略举措，积极参与课程融合，为培养高素质的技术人才贡献自己的力量。企业可以制定参与职业教育的长期规划，明确参与职业教育的目标和任务，加大对职业教育的投入，提高企业在职业教育中的参与度和影响力。

通过对中职教育课程融合实施过程的反思，我们全面深入地认识到在教育理念、教学改革、师资队伍建设和校企合作等方面存在的问题和不足。针对这些问题，我们提出了一系列具有针对性和可操作性的改进措施。

在教育理念方面，要重新审视职业教育目标，树立跨学科教育理念，关注学生的个性化发展，使中职教育更加符合社会发展和学生成长的需求。在教学改革方面，要优化课程设置，创新教学方法和策略，完善教学评价体系，提高教学质量和效果。在师资队伍建设方面，要加强教师培训，引进跨学科人才，建立教师激励机制，提高教师的跨学科教学能力和积极性。在校企合作方面，要深化校企合作深度，完善合作机制，提高企业参与积极性，使课程融合的教学内容与企业实际需求紧密结合。①

本节对中职教育课程融合实施中的问题进行了全面的反思。我们认识到在课程融合过程中存在教学资源不足、教师能力有限等问题。通过反思，我们明确了改进的方向，如加强师资培训、优化教学资源配置等。只有不断反思和改进，才能提高课程融合的质量，推动中职教育跨学科教学模式的健康发展。

①阚明．信息技术与中职专业课程融合的实践与探索[J]．电脑知识与技术，2023(9)：141-143

第四章 中职教育跨学科教学模式的实施策略

一种教学模式的成功实施离不开多方面的支持,本章围绕中职教育跨学科教学模式的实施策略展开。从师资培训与团队建设入手,分析培训的内容和方式,以及团队建设面临的挑战与对策。同时,介绍教学资源与环境建设的重要性,以及在建设过程中可能遇到的问题和解决办法。此外,还探讨了学生参与机制与学习效果反馈的相关内容,包括参与机制的设计、反馈机制的建立,以及应对挑战的保障措施。通过本章的学习,读者将了解如何为跨学科教学模式的实施提供有力保障。

第一节 中职教育跨学科教学模式的师资培训与团队建设

教师是教学改革的关键力量,要实施中职教育跨学科教学模式,离不开高素质的教师队伍和优秀的教学团队。本节将关注跨学科教学模式的师资培训与团队建设。我们将探讨师资培训的内容和方法,以及如何建设高效的教学团队。通过加强师资培训与团队建设,为跨学科教学模式的实施提供有力的人才保障。

一、跨学科教学模式的师资培训

在中职教育中推行跨学科教学模式,对教师的能力和素养提出了新的挑战。师资培训作为提升教师跨学科教学能力的重要途径,能够使教师适应教学模式的转变,更好地培养学生的综合素养和跨学科能力。

(一)培训目标的设定

1.提升跨学科知识与技能

培训的首要目标是让教师掌握跨学科的知识和技能,打破传统学科界限。在机械制造专业的师资培训中,教师不仅要深入掌握机械设计、制造工艺等专业知识,还要学习电子技术、自动化控制、计算机编程等相关学科的知识。以工业机器人应用为例,教师需要了解机械结构设计知识,能够设计机器人的机械本体;掌握电子电路知识,用于机器人的电气系统设计;熟悉自动化控制原理,实现机器人的运动控制;还得具备计算机编程能力,编写机器人的控制程序。只有这样,教师才能在教学中将多学科知识融合,为学生提供更全面的教育,使学生能够适应现代制造业对复合型人才的需求。

2.培养跨学科教学方法与策略

教师需要学会运用跨学科的教学方法和策略,如项目式学习、问题导向学习等。通过培训,使教师能够设计出具有跨学科性质的教学项目和问题,引导学生进行跨学科的思考和实践。在旅游服务与管理专业的培训中,教师要学会如何以"旅游目的地的可持续发展"为主题,组织学生从旅游地理、市场营销、环境保护等多个学科的角度进行研究和讨论。教师可以引导学生分析旅游目的地的地理环境、资源特色,运用市场营销知识制定推广策略,同时从环境保护的角度考虑如何实现可持续发展。在这个过程中,教师要掌握项目式学习的组织方法,如明确项目目标、分配任务、指导学生开展研究等;也要学会问题导向学习的技巧,提出具有启发性的问题,引导学生自主探究和合作交流。

3.增强跨学科课程设计能力

教师要具备跨学科课程设计的能力,能够将不同学科的内容有机整合到课程中。培训应帮助教师了解课程设计的原则和方法,根据学生的特点和需求,设计出既符合教学目标又具有吸引力的跨学科课程。在电子商务专业的课程设计中,教师要能够将市场营销、计算机技术、财务管理等学科的知识融入课程体系中。例如,可以设计一门"电子商务运营实战"课程,在课程中,先让学生学习市场营销知识,了解市场调研、目标客户定位和营销策略制定;然后运用计算机技术搭建电子商务平台,进行网站设计和开发;最后通过财务管理知识进行成本核算、利润分析和资金管理。教师在设计课程时,要合理安排教学内容的顺序和比重,使学生能够全面掌握电子商务的运营流程和方法。

（二）培训内容的规划

1.跨学科知识的学习

包括不同学科的基础理论、前沿知识和应用领域。学校可以邀请不同学科的专家进行讲座和培训，组织教师参加跨学科的学术研讨会，拓宽教师的知识面。在农业与生物技术专业的培训中，教师可以学习农业种植、生物技术、食品科学等学科的知识，了解学科之间的交叉点和应用前景。专家可以介绍农业生物技术在提高农作物产量、品质和抗病虫害方面的应用，如基因编辑技术在作物改良中的应用；食品科学领域中，如何将农产品加工成高附加值的食品。教师还可以参加学术研讨会，了解学科的最新研究成果和发展趋势，与其他学科的专家和学者进行交流和合作。

2.教学方法与技术培训

教授教师跨学科教学的方法和技术，如案例教学、小组合作学习、信息化教学手段等。通过实际操作和案例分析，让教师掌握这些方法和技术的应用。在培训中，教师可以学习如何利用在线教学平台、虚拟实验室等工具，开展跨学科的教学活动。以案例教学为例，教师可以通过分析实际的跨学科教学案例，学习如何选择合适的案例、如何引导学生分析案例和总结经验。在小组合作学习方面，教师要学会如何分组、如何分配任务和如何评价小组学习成果。信息化教学手段的培训包括如何使用在线教学平台进行课程发布、作业批改和互动交流，如何利用虚拟实验室让学生进行模拟实验和实践操作。

3.课程设计与开发

培训教师进行跨学科课程设计的步骤和方法，包括课程目标的确定、教学内容的选择与组织、教学评价的设计等。教师可以通过实际的课程设计项目，进行实践和反思，提高课程设计的能力。在设计一门关于智能家居系统的跨学科课程时，教师要考虑如何将电子技术、计算机编程、建筑设计等学科的知识融合到课程中。首先，确定课程目标，如让学生掌握智能家居系统的设计、开发和安装调试技能；然后选择教学内容，包括电子电路基础、编程语言、智能家居设备的选型和安装等；接着组织教学内容，按照由浅入深、循序渐进的原则进行编排；最后设计教学评价，采用项目评估、实验操作考核和理论考试相结合的方式，全面评价学生的学习成果。

(三)培训方式的选择

1.校内培训

学校可以利用自身的资源,组织校内教师进行培训。可以开展校本培训课程、教学研讨活动等,让教师在交流和合作中提升跨学科教学能力。学校可以定期组织跨学科教学经验分享会,邀请优秀教师分享教学案例和经验,促进教师之间的相互学习和借鉴。在校本培训课程中,学校可以安排不同学科的骨干教师进行授课,介绍本学科的知识和教学方法,以及如何与其他学科进行融合。教学研讨活动可以围绕跨学科教学中的热点问题和难点问题进行讨论,如如何解决学科之间的冲突和协调问题,如何提高学生的跨学科学习兴趣和积极性等。

2.校外培训

选派教师参加校外的培训课程、学术会议和培训项目,拓宽教师的视野,了解行业的最新动态和教学前沿。教师可以参加由高校、培训机构或行业协会举办的跨学科教学培训,与其他学校的教师和专家进行交流和学习。在参加高校举办的培训课程时,教师可以接触到高校的先进教学理念和研究成果,学习高校在跨学科教学方面的经验和做法。参加行业协会举办的培训项目,教师可以了解行业的最新技术和发展趋势,将行业的实际需求融入教学中。例如,参加电子信息行业协会举办的物联网技术培训,教师可以了解物联网在智能家居、智能交通等领域的应用,将这些内容引入教学中,使学生的学习与行业需求紧密结合。

3.企业实践

安排教师到企业进行实践锻炼,让教师了解企业的实际需求和工作流程,将企业的实践经验融入教学中。在机械制造专业的培训中,教师可以到机械制造企业进行实习,参与企业的生产项目,学习企业的先进技术和管理经验,提高自己的实践能力和教学水平。教师在企业实践过程中,可以深入了解企业的生产工艺、质量控制和管理模式。例如,在一家汽车制造企业实习,教师可以参与汽车零部件的加工和装配过程,学习先进的加工设备和工艺,了解企业的质量检测标准和方法。教师还可以与企业的技术人员和管理人员进行交流,了解企业对人才的需求和要求,将这些信息反馈到教学中,调整教学内容和方法,使学生更好地适应企业的需求。

跨学科教学模式的师资培训对于提升教师的跨学科教学能力至关重

要。通过明确培训目标、规划培训内容和选择合适的培训方式,能够使教师更好地适应跨学科教学的要求,为学生提供高质量的跨学科教育。但在实际培训过程中,可能会遇到一些问题,如培训资源有限、教师参与积极性不高等。学校和教育管理部门需要采取相应的措施,如加大培训资源投入、建立激励机制等,以确保师资培训的效果和质量。

二、跨学科教学模式的团队建设

团队建设是实施跨学科教学模式的关键环节。一个优秀的跨学科教学团队能够整合不同学科教师的优势,共同设计和实施跨学科课程,提高教学质量和学生的学习效果。

(一)团队成员的构成

1.不同学科背景的教师

跨学科教学团队应包括来自不同学科的教师,如在中职的信息技术专业中,团队成员可以有计算机科学、数学、电子工程等学科的教师。这些教师具有不同的专业知识和思维方式,能够在教学中提供多样化的视角和方法。计算机科学教师可以教授编程语言、软件开发和网络技术等知识;数学教师可以提供数学建模、算法设计和数据分析等方面的支持;电子工程教师可以讲解电子电路、嵌入式系统和通信技术等内容。在一个关于智能机器人开发的项目中,计算机科学教师负责机器人的编程和控制算法设计,数学教师帮助优化算法和进行数据分析,电子工程教师负责机器人的硬件设计和电路搭建。通过不同学科教师的合作,学生能够获得更全面的知识和技能。

2.企业专家

邀请企业专家加入团队,他们具有丰富的实践经验和行业知识,能够为教学提供实际案例和行业需求。在旅游服务与管理专业的团队中,企业专家可以是旅游企业的管理人员、导游等,他们能够将旅游行业的最新动态和实际工作经验融入教学中。企业专家可以分享旅游市场的最新趋势,如新兴旅游目的地的开发和旅游产品的创新;讲解旅游服务中的实际问题和解决方法,如游客投诉处理和旅游团队管理。在教学中,企业专家可以参与课程设计和教学评估,根据企业的实际需求提出建议和意见,使教学内容更加贴近实际工作。

3. 教育技术专家

教育技术专家能够为团队提供技术支持和教学创新的建议。他们可以帮助教师利用现代信息技术开展跨学科教学，如开发在线教学平台、设计虚拟教学场景等。在教学过程中，教育技术专家可以协助教师解决技术难题，提高教学的效率和质量。教育技术专家可以根据教学需求开发定制化的在线教学平台，提供丰富的教学资源和互动功能，如在线测试、讨论区和作业提交等。他们还可以设计虚拟教学场景，如虚拟实验室、虚拟旅游景区等，让学生在虚拟环境中进行实践和学习，提高学习的趣味性和效果。

（二）团队合作机制的建立

1. 明确团队目标与职责

团队要明确共同的教学目标和任务，每个成员要清楚自己的职责和分工。在一个关于新能源汽车的跨学科教学项目中，团队成员要共同确定教学目标，如培养学生掌握新能源汽车的设计、制造和维修等方面的知识和技能。然后，根据成员的专业背景和能力，分配教学任务，如计算机科学教师负责编程教学，电子工程教师负责电路设计教学等。团队还可以制定详细的工作计划和时间表，明确每个阶段的任务和目标，确保项目的顺利进行。在项目实施过程中，团队成员要定期进行沟通和交流，汇报工作进展情况，解决遇到的问题。

2. 建立沟通与协作平台

团队成员之间要建立良好的沟通与协作机制，定期进行交流和讨论。可以通过线上会议、线下研讨会等方式，分享教学经验和资源，解决教学中遇到的问题。在团队建设中，可以建立一个专门的在线交流平台，方便成员之间随时沟通和协作。在线交流平台可以包括论坛、即时通讯工具和文件共享等功能。团队成员可以在论坛上发布教学心得和问题，进行讨论和交流；使用即时通讯工具进行实时沟通，解决紧急问题；通过文件共享功能分享教学资料和课件等资源。线下研讨会可以定期举行，成员们可以面对面地交流和讨论教学中的重要问题，如课程设计、教学方法和评价标准等。

3. 开展合作教学与研究

团队成员要共同开展跨学科的教学和研究活动，如设计跨学科课程、开发教学案例、进行教学评价等。通过合作教学和研究,能够提高团队的教学水平和创新能力。在合作教学中,教师可以共同设计教学方案,相互观摩教学过程,提出改进意见,提高教学质量。例如,在设计一门关于智慧城市的跨学科课程时,团队成员可以共同确定课程的主题和目标,然后分工负责不同学科的教学内容。在教学过程中,教师可以相互观摩教学,学习对方的教学方法和技巧,提出改进建议。团队还可以开展教学研究活动,探索跨学科教学的新模式和新方法,如基于项目式学习的跨学科教学模式、基于问题导向的跨学科教学方法等。

(三)团队文化的营造

1.鼓励创新与合作

团队要营造一种鼓励创新和合作的文化氛围,激发成员的积极性和创造力。团队领导要鼓励成员提出新的教学理念和方法,支持成员开展跨学科的教学实践和研究。在团队中,对于有创新想法和实践成果的成员,要给予表扬和奖励。团队可以设立创新奖励基金,对在跨学科教学中提出创新教学方法和取得显著教学效果的成员进行奖励。鼓励成员参加教学创新比赛和学术交流活动,展示团队的创新成果。在团队会议中,要营造开放和包容的氛围,鼓励成员自由发言,提出不同的观点和建议,促进团队的创新发展。

2.尊重差异与包容

团队成员来自不同的学科和背景,具有不同的思维方式和工作习惯。团队要尊重成员的差异,包容不同的观点和意见。在讨论教学问题时,要鼓励成员充分发表自己的看法,通过交流和讨论,达成共识。在团队合作中,可能会出现不同学科观点的冲突和矛盾,团队领导要引导成员进行沟通和协商,寻找解决问题的最佳方案。例如,在设计跨学科课程时,不同学科的教师可能对教学内容的重点和比重有不同的看法,团队领导要组织成员进行讨论,充分听取各方意见,综合考虑各学科的需求和学生的实际情况,制定出合理的课程方案。

3.培养团队凝聚力

通过组织团队活动、开展团队建设项目等方式,培养团队成员之间的感情和凝聚力。团队可以定期组织户外拓展活动、文化交流活动等,增进成员之间的了解和信任。在团队建设项目中,成员要共同完成一个任务,通过合作和互助，提高团队的凝聚力和战斗力。户外拓展活动可以包括登山、露营、团队游戏等，让成员在活动中相互协作、相互支持，增强团队意识和合作精神。文化交流活动可以组织成员参观博物馆、艺术展览等，拓宽成员的视野，丰富成员的文化生活。在团队建设项目中，如设计一个跨学科的教学案例，成员们要分工合作，共同完成案例的设计和编写，通过这个过程，成员之间的沟通和协作能力得到提高，团队凝聚力也得到增强。

跨学科教学模式的团队建设需要合理的成员构成、有效的合作机制和良好的团队文化。通过团队建设，能够整合不同学科的资源和优势，提高跨学科教学的质量和效果，为学生提供更优质的教育服务。但在团队建设过程中，也可能会遇到一些挑战，如成员之间的沟通障碍、利益冲突等。团队需要建立相应的解决机制，及时解决这些问题，确保团队的稳定和发展。

三、跨学科教学模式的师资培训与团队建设的挑战与对策

在中职教育中推进跨学科教学模式的师资培训与团队建设，虽然具有重要意义，但也面临着诸多挑战。只有充分认识这些挑战，并采取有效的对策，才能确保师资培训与团队建设的顺利进行。

（一）面临的挑战

1.教师观念转变困难

长期以来，教师形成了单一学科教学的思维模式和教学习惯，要转变为跨学科教学观念存在一定的困难。部分教师对跨学科教学的认识不足，认为跨学科教学会增加教学难度，影响教学质量。他们习惯于按照传统的学科体系进行教学，不愿意尝试新的教学模式和方法。一些教师担心跨学科教学会打乱原有的教学计划和秩序，导致教学进度难以控制；认为自己缺乏跨学科的知识和技能，无法胜任跨学科教学任务。这种观念上的障碍严重阻碍了跨学科教学模式的推广和实施。

2.培训资源不足

跨学科教学培训需要丰富的资源支持，包括师资、教材、教学设备等。然而，许多中职学校在这方面的资源相对匮乏。学校可能缺乏跨学科的专家和教师，无法提供高质量的培训课程；教材也往往局限于单一学科，缺

乏跨学科的教材和案例；教学设备也难以满足跨学科教学的需求，如缺乏综合性的实训基地和实验设备。在一些中职学校，由于资金有限，无法购买先进的教学设备和软件，导致教师在教学中无法进行实际操作和演示，影响了教学效果。教材的更新速度也跟不上学科的发展和变化，无法为教师和学生提供最新的跨学科知识和案例。

3.团队协作障碍

在跨学科教学团队建设中，由于成员来自不同的学科和背景，可能存在沟通不畅、协作困难等问题。不同学科的教师在思维方式、教学方法和评价标准上存在差异，容易导致团队内部的矛盾和冲突。在团队合作中，成员之间可能缺乏信任和理解，难以形成有效的协作机制。例如，在设计跨学科课程时，不同学科的教师可能对课程目标、教学内容和教学方法有不同的看法，由于沟通不畅，无法达成共识，导致课程设计无法顺利进行。团队成员之间的利益分配问题也可能引发矛盾和冲突，影响团队的凝聚力和战斗力。

4.时间与精力限制

教师在日常教学工作中已经承担了较大的工作量，参加跨学科教学培训和团队建设活动需要额外的时间和精力。这使得教师可能无法全身心地投入到培训和团队建设中，影响培训效果和团队建设的质量。教师可能因为教学任务繁重，无法按时参加培训课程，或者在团队活动中表现出积极性不高的情况。一些教师还需要承担班主任工作、学生管理工作等，进一步增加了他们的工作负担。在这种情况下，教师很难有足够的时间和精力去学习跨学科知识、参与团队建设和开展跨学科教学实践。

（二）应对的对策

1.加强宣传与引导

学校要加强对跨学科教学的宣传和引导，让教师充分认识到跨学科教学的重要性和意义。可以通过举办讲座、研讨会等活动，邀请专家和优秀教师分享跨学科教学的经验和成果，提高教师对跨学科教学的认识和理解。学校还可以利用校内的宣传栏、校报、校园网等宣传渠道，宣传跨学科教学的理念、方法和成功案例，营造浓厚的跨学科教学氛围。

在讲座和研讨会上，专家可以介绍跨学科教学在国内外的发展趋势和成功实践，分析跨学科教学对培养学生综合素养和创新能力的重要作用。

优秀教师可以分享自己在跨学科教学中的具体做法和经验教训，如如何设计跨学科课程、如何组织跨学科教学活动、如何评价学生的跨学科学习成果等。通过这些活动，让教师们直观地感受到跨学科教学的魅力和价值，从而激发他们参与跨学科教学的积极性和主动性。

学校还可以制定相应的激励政策，鼓励教师积极参与跨学科教学培训和团队建设。例如，对于参加跨学科教学培训并取得优异成绩的教师，给予一定的物质奖励和荣誉称号；在职称评定、岗位晋升等方面，对参与跨学科教学和团队建设的教师予以倾斜。这些激励政策可以有效地提高教师的参与热情，推动跨学科教学的发展。

2.整合与拓展培训资源

学校要整合校内和校外的培训资源，充分利用高校、企业和行业协会的资源。可以与高校合作，邀请高校专家来校讲学和指导；与企业合作，建立校外实训基地，为教师提供实践锻炼的机会；同时，组织教师编写跨学科的教材和案例，丰富培训资源。

与高校合作是获取优质培训资源的重要途径。高校拥有丰富的学科资源和优秀的师资队伍，能够为中职教师提供系统的跨学科知识培训和专业指导。学校可以与高校签订合作协议，定期邀请高校专家来校举办讲座、开展培训课程，指导教师开展跨学科教学研究和实践。高校还可以为中职教师提供进修和学习的机会，让他们到高校参加短期培训或攻读相关学位，提升自己的跨学科知识水平和教学能力。

与企业合作建立校外实训基地，能够让教师深入了解企业的实际需求和工作流程，将企业的实践经验融入教学中。学校可以与当地的知名企业建立长期稳定的合作关系，定期选派教师到企业进行实践锻炼。在企业实践过程中，教师可以参与企业的生产项目、技术研发和管理工作，学习企业的先进技术和管理经验。企业还可以为教师提供实习指导和培训，帮助教师提高实践操作能力。

此外，学校还可以组织教师编写跨学科的教材和案例。教师们可以结合自己的教学实践和企业的实际需求，编写具有针对性和实用性的跨学科教材和案例。这些教材和案例可以作为培训的重要资源，供教师们在教学中使用。学校可以对编写优秀教材和案例的教师给予一定的奖励和支持，鼓励他们积极参与教材和案例的编写工作。

3.建立有效的团队协作机制

学校要建立有效的团队协作机制,加强团队成员之间的沟通和协作。可以制定团队章程和合作规则,明确团队成员的权利和义务;建立团队沟通平台,促进成员之间的信息交流和共享;定期组织团队建设活动,增强团队成员之间的信任和理解。

制定团队章程和合作规则是确保团队有效运作的基础。团队章程应明确团队的目标、任务、组织结构和工作流程;合作规则应规定团队成员在沟通、协作、决策等方面的行为准则。团队成员应共同遵守团队章程和合作规则,确保团队的各项工作能够顺利开展。

建立团队沟通平台是促进团队成员之间信息交流和共享的重要手段。学校可以利用现代信息技术,建立团队专用的在线沟通平台,如微信群、QQ群、在线协作工具等。团队成员可以通过沟通平台及时交流工作进展、分享教学资源、讨论教学问题。沟通平台还可以设置不同的板块,如教学研讨、资源共享、项目进展等,方便团队成员进行分类交流和管理。

定期组织团队建设活动是增强团队成员之间信任和理解的有效方式。团队建设活动可以包括户外拓展、文化交流、团队聚餐等。通过这些活动,团队成员可以在轻松愉快的氛围中增进彼此的了解和感情,提高团队的凝聚力和战斗力。在团队建设活动中,团队领导可以引导团队成员进行沟通和交流,分享彼此的工作经验和生活感悟,解决团队中存在的问题和矛盾。

4.合理安排时间与精力

学校要合理安排教师的教学任务和培训活动,减轻教师的工作负担。可以调整教学计划,为教师参加培训和团队建设活动提供时间保障;采用灵活的培训方式,如线上线下相结合的方式,让教师可以根据自己的时间和精力安排学习。

调整教学计划是为教师参加培训和团队建设活动提供时间保障的关键。学校可以根据教师的实际情况,合理安排教学任务,避免教师在同一时间段内承担过多的教学工作。在制定教学计划时,可以预留一定的时间用于教师的培训和团队建设活动。例如,每个学期可以安排一定的时间让教师参加跨学科教学培训、企业实践和团队建设活动。

采用灵活的培训方式可以让教师更好地平衡教学工作和培训学习。

线上线下相结合的培训方式是一种比较有效的方式。线上培训可以让教师随时随地进行学习,不受时间和空间的限制。教师可以通过在线视频、在线课程等方式学习跨学科知识和教学方法。线下培训可以组织教师进行集中学习和交流,如举办讲座、开展研讨会等。通过线上线下相结合的方式,教师可以根据自己的时间和精力安排学习,提高学习效率。

学校还可以给予教师一定的奖励和支持,如提供培训补贴、职称评定倾斜等,激励教师积极参与跨学科教学培训和团队建设。培训补贴可以用于支付教师参加培训的费用,如学费、差旅费等;职称评定倾斜可以在职称评定时,对参与跨学科教学和团队建设的教师予以适当的加分和优先考虑。这些奖励和支持措施可以有效地提高教师的参与积极性,让教师更加愿意投入到跨学科教学培训和团队建设中。

跨学科教学模式的师资培训与团队建设面临着教师观念转变困难、培训资源不足、团队协作障碍和时间精力限制等挑战。通过加强宣传与引导、整合与拓展培训资源、建立有效的团队协作机制和合理安排时间与精力等对策,可以有效应对这些挑战,推动跨学科教学模式的顺利实施。但在实际操作过程中,还需要不断地探索和完善这些对策,根据学校的实际情况和教师的需求进行调整和优化,以确保师资培训与团队建设取得良好的效果。

四、跨学科教学模式的师资培训与团队建设的保障措施

(一)政策支持

1.制定相关政策

学校和教育主管部门要制定鼓励跨学科教学的政策,明确跨学科教学在学校教学工作中的地位和作用。政策可以包括对跨学科教学的课程设置、教师评价、职称评定等方面的规定,为跨学科教学提供政策保障。

在课程设置方面,政策可以规定学校要开设一定比例的跨学科课程,鼓励教师开展跨学科教学实践。学校可以根据自身的专业特点和学生的需求,设置跨学科的专业方向和课程模块。例如,在信息技术专业中,可以设置“人工智能与大数据”“物联网与智能控制”等跨学科专业方向;在课程模块中,可以开设“跨学科项目实践”“跨学科研究方法”等课程。

在教师评价方面,政策可以建立科学合理的跨学科教学评价体系,将

跨学科教学能力和成果纳入教师评价的重要指标。评价体系可以包括教学效果、课程设计、教学方法创新、团队协作等方面的内容。通过建立科学的评价体系,可以激励教师积极参与跨学科教学,提高跨学科教学的质量。

在职称评定方面,政策可以对参与跨学科教学和团队建设的教师给予适当的倾斜和支持。例如,在职称评定条件中,可以增加跨学科教学成果、团队建设贡献等方面的要求;在职称评定过程中,对在跨学科教学中取得突出成绩的教师予以优先考虑。这些政策可以有效地提高教师参与跨学科教学和团队建设的积极性。

2. 建立管理机制

建立健全跨学科教学的管理机制,加强对师资培训与团队建设的组织和管理。学校可以成立跨学科教学管理机构,负责制定培训计划、组织团队建设活动、监督教学质量等工作。

跨学科教学管理机构可以由学校领导、各学科骨干教师和教育专家组成。该机构要定期召开会议,研究和制定跨学科教学的发展规划和工作方案。在培训计划制定方面,管理机构要根据学校的教学目标和教师的实际需求,制定详细的师资培训计划。培训计划要包括培训内容、培训方式、培训时间和培训地点等方面的内容。

在团队建设活动组织方面,管理机构要负责组织团队建设的各项活动,如团队组建、团队培训、团队考核等。管理机构要为团队建设提供必要的支持和保障,如提供活动经费、场地和设备等。在教学质量监督方面,管理机构要定期对跨学科教学的质量进行检查和评估。可以通过听课、评课、学生评价等方式,了解教师的教学情况和学生的学习效果。对于教学质量不高的教师,管理机构要及时进行指导和帮助,督促其改进教学方法和提高教学质量。

(二)经费投入

1. 专项经费保障

学校要设立跨学科教学师资培训与团队建设的专项经费,确保培训和团队建设活动的顺利开展。经费可以用于聘请专家、购置教学设备、组织培训课程、开展团队建设活动等方面。

聘请专家是提高培训质量的重要保障。学校可以利用专项经费邀请高校专家、企业专家和教育专家来校讲学和指导。专家的费用包括讲课费、差旅费等。购置教学设备是开展跨学科教学的必要条件。学校可以用专项经费购置先进的教学设备和软件，如计算机、实验仪器、虚拟仿真软件等。这些设备和软件可以为教师和学生提供更好的教学和学习条件。

组织培训课程和开展团队建设活动也需要一定的经费支持。培训课程的费用包括教材费、场地费、住宿费等；团队建设活动的费用包括活动策划费、场地布置费、餐饮费等。学校要合理安排专项经费的使用，确保经费能够发挥最大的效益。

2.多元化经费来源

除了学校的专项经费外，还可以通过多种渠道筹集经费，如争取政府的支持、企业的赞助等。政府可以出台相关政策，对开展跨学科教学的学校给予经费补贴；企业可以与学校合作，提供资金和设备支持，共同开展跨学科教学培训和团队建设活动。

政府的经费补贴可以为学校开展跨学科教学提供重要的资金支持。学校可以积极向政府部门申请相关的项目经费和补贴。例如，教育部门可以设立跨学科教学改革专项基金，对在跨学科教学方面取得突出成绩的学校给予奖励和支持。学校可以根据自身的实际情况，申报相关的项目，争取政府的经费支持。

企业的赞助也是筹集经费的重要途径。学校可以与当地的企业建立合作关系，向企业宣传跨学科教学的重要性和意义，争取企业的资金和设备支持。企业可以为学校提供实习基地、实训设备和奖学金等。学校可以与企业签订合作协议，明确双方的权利和义务，共同开展跨学科教学培训和团队建设活动。

（三）评价激励

1.建立评价体系

建立科学合理的跨学科教学师资培训与团队建设评价体系，对教师的培训效果和团队的建设成果进行全面、客观的评价。评价体系可以包括教师的教学能力、科研成果、团队协作能力等方面的指标。

在教学能力方面，评价指标可以包括教学设计、教学方法、教学效果等。教学设计要考察教师的课程设计是否合理、教学目标是否明确、教学内容是否丰富等；教学方法要考察教师是否能够运用多样化的教学方法，如项目式学习、问题导向学习等;教学效果要考察学生的学习成绩、学习兴趣和综合素质的提高情况。

在科研成果方面,评价指标可以包括发表的学术论文、参与的科研项目、获得的科研奖项等。科研成果可以反映教师的跨学科研究能力和创新能力。团队协作能力方面,评价指标可以包括团队成员之间的沟通协作、任务完成情况、团队凝聚力等。团队协作能力是跨学科教学团队建设的重要指标,直接影响团队的工作效率和教学质量。

2.实施激励措施

根据评价结果,对表现优秀的教师和团队给予激励和奖励。激励措施可以包括物质奖励、精神奖励和职业发展机会等。

物质奖励可以包括奖金、奖品、津贴等。学校可以对在跨学科教学中取得突出成绩的教师和团队给予一定的奖金奖励;为优秀团队提供教学设备、科研经费等支持。精神奖励可以包括荣誉称号、表彰证书等。学校可以对表现优秀的教师和团队授予“跨学科教学优秀教师”“跨学科教学优秀团队”等荣誉称号,并在学校的宣传栏、校报等媒体上进行宣传和表彰。

职业发展机会可以包括晋升机会、培训深造机会等。学校可以对在跨学科教学中表现优秀的教师优先晋升职称、选派参加高级培训和学术交流活动。通过提供职业发展机会,可以激励教师不断提升自己的跨学科教学能力和综合素质。

3.职业发展支持

为参与跨学科教学的教师提供职业发展支持,如提供晋升机会、培训深造机会等。学校可以制定教师职业发展规划,为教师提供明确的发展方向和目标。

学校可以根据教师的教学能力、科研成果和团队协作能力等方面的表现,为教师制定个性化的职业发展规划。职业发展规划可以包括短期、中期和长期的发展目标和计划。在短期规划中,教师可以通过参加培训和实践锻炼,提高自己的跨学科教学能力;在中期规划中,教师可以开展跨学科教学研究和实践,取得一定的科研成果;在长期规划中,教师可以成为跨学科教学的专家和学科带头人。

学校要为教师提供晋升机会和培训深造机会,支持教师实现职业发展目标。在晋升方面,学校可以根据教师的职业发展规划和工作表现,优先晋升在跨学科教学中表现优秀的教师。在培训深造方面，学校可以选派教师参加国内外的高级培训和学术交流活动，让教师接触到最新的跨学科教学理念和方法。

（四）资源共享

1.建立资源共享平台

学校要建立跨学科教学资源共享平台，整合校内和校外的优质教学资源，包括课程资源、教学案例、教学课件等。教师可以通过平台共享资源，提高教学效率和质量。

资源共享平台可以采用在线平台的形式，方便教师随时随地访问和使用。平台可以设置不同的板块，如课程资源、教学案例、教学课件、学术论文等。教师可以将自己的优质教学资源上传到平台上，供其他教师共享；也可以从平台上下载自己需要的教学资源。平台还可以设置搜索功能，方便教师快速找到自己需要的资源。

为了保证资源的质量和安全性，学校要对上传的资源进行审核和管理。审核内容可以包括资源的内容是否符合教学要求、是否具有创新性和实用性等。学校可以对审核通过的资源给予一定的奖励和推荐，鼓励教师上传更多的优质资源。

2.促进校际合作与交流

加强校际合作与交流，促进跨学科教学资源的共享和优化。学校可以与其他学校开展合作项目，共同开展师资培训、课程开发和教学研究等活动。

校际合作可以采取多种形式，如校际联盟、合作办学、教师交流等。校际联盟可以由多所学校组成，共同制定跨学科教学的发展规划和合作方案。在联盟框架下，学校可以共享师资、课程、教学设备等资源，开展联合教学和研究活动。合作办学可以是学校之间联合开设跨学科专业和课程，共享教学资源和教学成果。教师交流可以是学校之间定期选派教师进行交流和学习，分享教学经验和教学方法。

通过校际合作与交流，学校可以扩大教学资源的来源，提高教学资源的质量和利用率。教师可以学习其他学校的先进教学经验和方法，拓宽自己的教学视野。学校还可以共同开展教学研究和实践，探索跨学科教学的新模式和新方法，推动跨学科教学的发展。

跨学科教学模式的师资培训与团队建设需要政策支持、经费投入、评价激励和资源共享等保障措施。通过建立完善的保障体系，可以为师资培训与团队建设提供有力的支持，确保跨学科教学模式的顺利实施和教学质量的不断提高。但在保障措施的实施过程中，还需要不断地进行调整和优化，以适应跨学科教学的发展需求。同时，学校和教师要充分认识到跨学科教学的重要性和意义，积极参与师资培训与团队建设，共同推动中职教育的改革和发展。①

本节强调了师资培训与团队建设在中职教育跨学科教学模式实施中的重要性。通过有效的师资培训和团队建设，教师的跨学科教学能力得到提升，教学团队的协作更加紧密。这为跨学科教学模式的顺利实施奠定了坚实的人才基础。在今后的工作中，我们要持续加强师资培训与团队建设，不断提高教师队伍的整体素质。

第二节 中职教育跨学科教学模式的教学资源与环境建设

良好的教学资源和环境是实施跨学科教学模式的重要保障。本节将介绍中职教育跨学科教学模式的教学资源与环境建设。我们将探讨如何建设丰富的教学资源，如教材、课件、实训设备等。同时，还会关注教学环境的营造，包括校园文化、教学设施等方面。通过教学资源与环境建设，为跨学科教学创造有利条件。

一、跨学科教学模式的教学资源建设

（一）教材资源的整合与开发

1.跨学科教材的选择原则

在跨学科教学模式下，教材的选择至关重要。首先，要遵循综合性原则。例如，在工业设计与机械制造的跨学科教学中，教材应涵盖工业设计的美学原理、造型设计方法以及机械制造的工艺过程、工程材料等多方面内容。这样的教材能够让学生在一个资源中获取两个学科的关键知识，便

①徐菁．中职教科书跨学科内容评价框架的建构与应用研究：以中新教科书比较为例[D]．广州：广东技术师范大学．2024.

于他们理解工业设计与机械制造之间的内在联系，如产品的外观设计如何考虑机械制造的可行性。

其次是实用性原则。以烹饪与营养健康的跨学科教学为例，教材应注重实际操作与理论知识的结合。选择的教材不仅要有食物营养成分、健康饮食搭配等理论知识，还要包含各类菜肴烹饪方法、食材处理技巧等实用内容。这样学生在学习过程中能够直接将营养健康知识应用到烹饪实践中，如根据不同人群的营养需求设计合理的菜单并进行烹饪。

最后是创新性原则。对于动漫制作与计算机编程的跨学科教学，教材应体现创新元素，包含利用新兴的编程技术（如Python在动画特效制作中的应用）创造独特动画效果的案例和知识讲解。同时，还应展示动漫制作中创新的设计理念与编程思维的融合，以激发学生的创新能力。

2. 跨学科教材的开发流程

跨学科教材的开发是一个系统工程。第一步是需求分析。以环境工程与园林设计的跨学科教学为例，要调研市场和企业对相关跨学科人才的需求，了解在实际工作中这两个学科知识融合的具体要求，如在城市景观建设中，环境工程的污水处理、空气质量改善等知识与园林设计的植物配置、景观布局等知识如何协同。

第二步是确定教材框架。根据需求分析的结果，构建教材的框架结构。在建筑工程与历史文化保护的跨学科教材开发中，框架可能包括建筑工程的基本结构、施工技术等内容，同时融入历史文化保护的相关法规、古建筑保护技术等板块，并且设置两者相互结合的案例分析章节，如古建筑修复中的工程技术应用与文化传承。

第三步是编写内容。这需要来自不同学科的专家和教师共同参与。例如，在汽车制造与市场营销的跨学科教材编写中，汽车制造专业的教师负责撰写汽车结构、制造工艺等内容，市场营销专业的教师则负责编写汽车市场调研、品牌推广等部分，然后共同编写汽车产品特性与市场需求相结合的章节，确保教材内容准确、连贯地呈现跨学科知识。

第四步是教材审核与修订。邀请行业专家、教育专家对编写好的教材进行审核。在生物医学工程与电子技术的跨学科教材审核中，生物医学工程专家会检查教材中关于生物医学设备原理、人体生理结构与电子技术结合部分是否准确，教育专家则从教学适用性的角度提出意见，根据审核意见对教材进行修订完善。

（二）网络资源的利用与拓展

1.在线课程平台的资源整合

在线课程平台为跨学科教学提供了丰富的资源。以数学与艺术的跨学科教学为例，在一些知名的在线课程平台上，可以整合数学、美学相关的课程资源。这些资源包括利用数学原理进行艺术创作（如黄金分割在绘画、雕塑中的应用）的视频教程，以及通过艺术形式讲解数学概念（如用动画展示几何图形变换来解释空间几何知识）的课程。

在物理与信息技术的跨学科教学中，在线课程平台能够整合关于物理原理在信息技术设备中的资源（如半导体物理在计算机芯片制造中的应用）。还可以有利用信息技术手段（如虚拟实验室）进行物理实验模拟的课程，让学生在虚拟环境中探究物理现象与规律，同时了解信息技术在物理教学与研究中的辅助作用。

2.网络资源的拓展与创新

除了整合现有的网络资源，还需要拓展和创新。在化学与材料科学的跨学科教学中，可以创建专门的网络资源库，如收集全球最新的化学材料合成研究成果的数据库，以及化学与材料科学跨学科实验案例的视频资源库。同时，利用社交媒体平台开展跨学科教学资源共享与交流活动。例如，教师可以在社交媒体群组中分享化学材料在日常生活中的创新应用案例，鼓励学生参与讨论并提出自己的见解。

在农业与生物技术的跨学科教学中，开发基于网络的互动式教学资源。例如，创建农业生物技术虚拟农场，学生可以在虚拟农场中进行作物种植实验，运用生物技术（如基因编辑技术在作物育种中的应用），并观察作物的生长情况。这种网络资源的拓展与创新能够提高学生的学习兴趣和参与度。

（三）实验室资源的共享与优化

1.跨学科实验室的建立

跨学科实验室是跨学科教学资源建设的重要组成部分。以机电一体化跨学科教学为例，建立机电一体化实验室。在这个实验室中，既有机械加工设备（如车床、铣床等），用于机械制造相关的实验操作，又有电子电路测试设备（如示波器、信号发生器等），用于电子工程方面的实验。同时，还有将机械与电子相结合的实验设备，如机电一体化实验台，学生可以在这个实验台上进行电机控制与机械传动系统的协同实验，研究如何通过电子控制实现机械部件的精确运动。

在生物化学与药学跨学科教学中，建立生物化学药学实验室。实验室中配备生物化学实验设备（如离心机、分光光度计等）用于生物化学相关的实验，如蛋白质的分离与鉴定。同时有药学实验设备（如药物合成反应釜、药物分析仪器等）用于药物的合成与分析实验。此外，还设置跨学科实验项目，如利用生物化学方法研究药物在生物体内的代谢过程，通过实验室的资源整合为学生提供跨学科实验的平台。

2.实验室资源的共享机制

建立有效的实验室资源共享机制是提高资源利用率的关键。以计算机科学与电子工程跨学科教学为例，制定实验室预约制度。教师和学生可以通过在线预约系统预约使用实验室的计算机设备和电子测试仪器。同时，建立实验室资源共享清单，明确各个实验室的设备种类、功能以及可共享的时间段。在不同学科的实验室之间，如计算机实验室和电子工程实验室，可以开展合作共享。例如，计算机专业的学生在进行嵌入式系统开发实验时，可以借用电子工程实验室的硬件开发板，而电子工程专业的学生在进行电路设计仿真时，可以使用计算机实验室的专业软件。

在土木工程与材料科学跨学科教学中，建立实验室资源共享的激励机制。对于积极参与实验室资源共享的教师和学生给予一定的奖励，如优先使用实验室的优质资源、获得实验室资源使用的额外时间等。通过这种激励机制，促进不同学科之间的实验室资源共享，提高资源的利用效率。

（四）实践基地资源的挖掘与利用

1.企业实践基地的合作

企业实践基地为跨学科教学提供了真实的实践环境。以服装设计与市场营销跨学科教学为例，与服装企业建立实践基地合作关系。在企业实践基地中，服装设计专业的学生可以深入企业的设计部门，了解服装设计的实际流程，从市场调研、款式设计到面料选择等环节。市场营销专业的学生则可以在企业的销售部门和市场部门工作，学习服装品牌的推广、市场渠道的开拓等知识。同时，企业的设计师和营销人员可以作为兼职教师，为学生提供实践指导，如根据市场需求设计流行的服装款式、制定有效的服装营销策略。

在汽车制造与机械工程跨学科教学中，与汽车制造企业合作建立实践基地。学生可以在生产车间参与汽车的制造过程，了解汽车的机械结构组装、发动机制造等机械工程知识。同时，在企业的研发部门，学生可以接触到汽车制造中的新技术应用（如新能源汽车的电池技术、自动驾驶技术等），这涉及跨学科的知识融合。企业还可以为学生提供实习项目，如汽车零部件的优化设计项目，要求学生综合运用机械工程和汽车制造相关知识解决实际问题。

2.社会机构实践基地的利用

社会机构实践基地也是跨学科教学资源的重要来源。以环境科学与城市规划跨学科教学为例，利用环保组织作为实践基地。学生可以参与环保组织的城市环境监测项目，运用环境科学知识进行空气质量、水质等环境指标的监测。同时，在城市规划方面，学生可以根据环境监测数据，为城市的区域规划提出建议，如合理规划工业区与居民区的布局，以减少工业污染对居民生活的影响。

在文化艺术与旅游管理跨学科教学中，利用博物馆、艺术馆等文化机构作为实践基地。旅游管理专业的学生可以在这些机构中学习文化旅游产品的开发与管理，如设计博物馆的旅游线路、制定艺术馆的参观营销策略。文化艺术专业的学生则可以深入研究这些机构中的文化艺术藏品，挖掘文化内涵，为旅游产品的文化元素注入提供素材。

通过以上对教材资源、网络资源、实验室资源和实践基地资源的建设，可以为中职教育跨学科教学模式提供丰富、有效的教学资源，推动跨学科教学的顺利开展。

二、跨学科教学模式的教学环境建设

（一）物理教学环境的构建

1.跨学科教室的布局

在跨学科教学模式下，跨学科教室的布局需要精心设计。以科学与艺术跨学科教学为例，教室可以划分为不同的功能区域。首先是理论教学区，这里配备多媒体教学设备，包括大屏幕投影仪、智能黑板等，方便教师展示科学原理与艺术概念的融合内容，如在讲解光学原理时展示光在艺术作品（如彩色玻璃艺术）中的运用。

其次是实践操作区，对于科学与艺术跨学科教学，这个区域可以放置一些简单的实验设备，如用于制作小型光学艺术装置的材料和工具，包括镜片、三棱镜、彩色透光材料等，同时还有绘画工具、手工制作材料等，让学生可以在同一空间内进行基于科学原理的艺术创作实践。

最后是作品展示区，用来展示学生在跨学科学习过程中的优秀作品。在这个区域，可以展示将数学几何原理运用到雕塑创作中的作品，或者是利用生物形态启发的绘画作品等，通过展示作品激发学生的学习动力和创造力。

2.教学设施的配备

跨学科教学需要配备多种教学设施。在工程技术与人文社科跨学科教学中，工程技术方面需要配备一些基础的工程模型，如桥梁模型、机械传动模型等，这些模型有助于学生直观地理解工程结构和原理。同时，还需要配备计算机辅助设计软件和设备，以便学生进行工程设计实践。

在人文社科方面，要配备丰富的书籍、杂志等资料，涵盖历史、文化、社会等多个领域。例如，在开展工程技术与历史文化保护跨学科教学时，这些资料可以帮助学生了解历史建筑的文化价值和保护需求，从而在工程设计中更好地考虑历史文化因素。此外，还需要配备录音、录像设备，方便记录学生的小组讨论、项目展示等活动，用于教学评估和反馈。

（二）虚拟教学环境的创建

1.在线教学平台的搭建

搭建在线教学平台对于跨学科教学具有重要意义。以计算机科学与音乐跨学科教学为例，在线教学平台应具备多种功能。首先是课程资源管理功能，教师可以上传计算机编程与音乐创作相关的教学视频、课件、案例等资料，方便学生随时学习。例如，上传利用编程语言创作音乐的代码示例和音乐作品。

其次是互动交流功能，学生可以通过论坛、即时通讯工具等在平台上与教师和同学进行交流。例如，在学习计算机音乐合成技术时，学生可以在论坛上讨论如何调整参数以获得不同的音乐效果，教师也可以及时解答学生的疑问。

最后是在线作业与评估功能，教师可以发布编程与音乐创作相结合的作业，如编写一段程序来生成特定风格的音乐，然后通过平台对学生的作业进行在线批改和评估，给出反馈和建议。

2.虚拟实验室与仿真软件的应用

虚拟实验室和仿真软件为跨学科教学提供了丰富的虚拟教学环境。在化学与生物学跨学科教学中，虚拟实验室可以模拟化学物质在生物体内的反应过程。学生可以通过虚拟实验室观察药物分子与生物细胞内受体的结合过程，直观地理解化学物质对生物体的作用机制。

在航空航天与物理学跨学科教学中，仿真软件可以模拟飞行器在不同物理环境下的飞行状态。学生可以调整飞行器的参数，如机翼形状、发动机推力等，观察在不同重力、大气密度等条件下飞行器的飞行轨迹和性能变化，从而深入理解航空航天工程中的物理原理。

（三）教学文化环境的营造

1.跨学科教研文化的培育

培育跨学科教研文化是构建教学文化环境的重要方面。在数学与物理跨学科教研中，要鼓励教师打破学科界限进行交流与合作。例如，组织定期的跨学科教研会议，数学教师可以分享在数学建模中如何运用物理现象作为模型的构建基础，物理教师则可以介绍如何用数学工具解决物理问题，如利用微积分求解物理中的变力做功问题。

在不同学科教师共同参与的教研项目中，以计算机科学与教育学跨学科教研项目为例，教师们可以共同探索如何将计算机技术应用于教育教学方法的创新，如开发新的在线教育平台或教育游戏。通过这种跨学科的教研合作，形成一种积极向上、勇于创新的教研文化。

2.学生跨学科学习氛围的营造

营造学生跨学科学习的氛围有助于提高学生的学习积极性。在艺术与科技跨学科学习中，可以举办跨学科主题活动，如“科技与艺术的融合展”；鼓励学生展示自己在科技与艺术融合方面的作品，如利用3D打印技术创作的艺术作品或者是带有艺术设计的智能小装置。

在课堂教学中，采用跨学科的案例教学法也能营造学习氛围。例如，在经济学与环境科学跨学科教学中，以“碳排放交易对企业经济发展和环境治理的影响”为案例，让学生从经济学和环境科学两个角度进行分析和讨论,激发学生的跨学科思维,使学生在学习过程中感受到跨学科学习的乐趣和价值。

(四)制度环境的保障

1.跨学科教学管理制度

建立跨学科教学管理制度是保障跨学科教学顺利进行的关键。在学校层面,要制定跨学科课程开发与实施的管理制度。例如,明确跨学科课程开发的流程,包括需求调研、团队组建、课程设计、审核评估等环节,确保课程开发的科学性和合理性。

对于跨学科教学中的教师管理,要制定相应的激励措施和考核机制。激励措施可以包括给予跨学科教学教师额外的教学津贴、优先提供进修机会等,鼓励教师积极参与跨学科教学。考核机制则要综合考虑教师在跨学科教学中的教学效果、学生满意度、学科知识融合程度等多方面因素,客观公正地评价教师的教学工作。

2.资源分配与协调制度

建立资源分配与协调制度以确保教学资源在跨学科教学中的合理分配。对于教学设施、实验室设备等资源,要根据跨学科教学的实际需求进行分配。例如,在电子工程与材料科学跨学科教学中,需要根据两个学科在实验环节对设备的使用频率和重要性,合理分配电子测试仪器、材料加工设备等资源。

在跨学科教学团队与其他部门之间,要建立资源协调机制。例如,当跨学科教学团队需要使用学校的多媒体教室或图书馆资源时,能够通过协调机制及时获取资源,避免资源冲突和浪费,保障跨学科教学的资源需求。

对物理教学环境、虚拟教学环境、教学文化环境和制度环境的建设,可以为中职教育跨学科教学模式提供良好的教学环境,促进跨学科教学的有效开展。

三、跨学科教学模式的教学资源与环境建设的挑战与对策

(一)跨学科教学模式的教学资源与环境建设的挑战

1.教学资源方面

(1)资源整合难度大

中职教育涉及众多学科领域,每个学科都有其独立的知识体系和教学

资源。例如,在烹饪与营养学的跨学科教学中,烹饪学科的资源包括各类菜谱、烹饪技巧手册、厨房设备操作指南等,而营养学的资源有营养成分表、人体营养需求研究报告、膳食搭配指南等。这些资源分别由不同的部门或机构整理,其格式、内容侧重点和获取途径都存在差异,要将它们整合为适用于跨学科教学的资源,需要耗费大量的人力和时间。

目前的中职教材大多是按照单一学科体系编写的,跨学科教材相对匮乏。即使有一些涉及跨学科的教材,也往往存在内容简单拼接的问题。以机械制造与自动化控制的跨学科教学为例,机械制造教材侧重于机械结构、加工工艺等方面,自动化控制教材专注于电路原理、控制系统原理等内容。编写融合这两个学科的教材时,不仅要涵盖各自学科的核心知识,还要合理安排知识的逻辑顺序,使学生能够理解机械制造过程与自动化控制的关联,这是一个巨大的挑战。

(2)资源更新滞后

随着科技的快速发展,新的学科知识不断涌现。然而,教学资源的更新往往跟不上学科发展的速度。在新兴的人工智能与艺术设计的跨学科教学中,人工智能领域的新技术如深度学习算法、图像识别技术等不断更新,但相关的教学资源可能需要较长时间才能将这些新知识纳入其中,导致学生所学知识与实际行业需求脱节,影响跨学科教学的效果。

中职教育旨在为社会培养实用型人才,需要紧密结合行业实践。但教学资源中的行业实践案例、企业实际生产流程等内容更新不及时。例如,在汽车维修与新能源技术的跨学科教学中,汽车行业向新能源方向转型迅速,新的维修技术、电池管理系统等不断出现,但教学资源中的汽车维修案例可能仍然以传统燃油汽车为主,不能反映行业的最新动态。

2. 教学环境方面

(1)硬件设施不足

许多中职学校的实验室是按照单一学科建设的,如物理实验室、化学实验室等。在开展跨学科教学时,如生物与化学的跨学科实验(涉及生物体内化学反应的研究),需要专门的设备和空间布局,但学校可能缺乏这样的跨学科专用实验室,现有的实验室设备可能无法满足跨学科教学的特殊需求。

在数字化时代,跨学科教学需要大量的信息化设备支持,如多媒体教室、在线教学平台、虚拟现实设备等。然而，部分中职学校的信息化设备可能比较陈旧，网络带宽不足，无法满足高质量的跨学科教学需求。例如，在建筑设计与计算机图形学的跨学科教学中，学生需要使用专业的图形设计软件进行建筑模型创建和渲染，如果计算机设备性能低下，将严重影响教学进度和教学效果。

(2)软环境建设薄弱

学校内部的教学氛围对跨学科教学有着重要影响。目前，中职学校大多以学科为单位进行教学管理和教学活动组织，缺乏跨学科交流与合作的氛围。教师之间、学生之间的跨学科互动较少，难以形成跨学科的思维方式和学习习惯。例如，在音乐与物理学的跨学科教学中，需要教师和学生共同探讨音乐中的声学原理，但由于缺乏跨学科氛围，这种探讨可能无法深入开展。

现有的教学评价体系主要针对单一学科教学，对于跨学科教学环境的评价缺乏针对性的指标。在跨学科教学中，教学环境的评价不仅要考虑学科知识的传授效果，还要考虑跨学科知识的整合、学生跨学科思维的培养等因素。由于缺乏完善的评价体系，学校难以准确评估跨学科教学环境的优劣，也无法有针对性地进行改进。

(二)跨学科教学模式的教学资源与环境建设的对策

1.教学资源方面的对策

(1)建立资源整合平台

创建一个跨学科教学资源整合平台，首先要对各类教学资源制定统一的格式和标准。例如，对于知识文档类资源，规定统一的字体、字号、排版格式；对于视频资源，确定视频编码格式、分辨率等标准。这样可以方便教师和学生在平台上查找、使用和共享资源。

通过这个平台，整合来自不同学科、不同部门和不同机构的教学资源。以旅游与文化的跨学科教学为例，将旅游行业的导游培训资料、各地旅游景点介绍资料，以及文化领域的民俗文化研究报告、历史文化遗产资料等进行整合。同时，利用信息技术手段对资源进行分类、索引，便于快速检索和获取。

(2)加强资源更新机制

组建专门的教学资源更新团队，团队成员包括各学科教师、教育技术专家和行业专家。例如,在电子信息与物联网的跨学科教学中,由电子信息教师提供学科知识更新内容,物联网企业的工程师提供行业最新实践案例,教育技术专家负责将这些内容转化为适合教学的资源形式。

密切与行业企业的合作,及时获取最新的行业知识和实践资源。以服装设计与纺织材料的跨学科教学为例,与服装企业合作,企业定期向学校提供最新的服装设计款式、面料流行趋势、服装生产流程等资源,学校将这些资源融入教学内容中,确保学生所学知识与行业实际需求接轨。

2.教学环境方面的对策

(1)硬件设施改善

根据跨学科教学的需求,规划和建设一批跨学科实验室。例如,针对环境科学与化学的跨学科教学,建设环境化学实验室,配备能够分析环境样本化学组成、监测环境污染物的仪器设备。在建设过程中,充分考虑不同学科实验的兼容性和互补性,合理布局实验室空间。

加大对信息化设备的投入,更新多媒体教室设备,提高网络带宽,购置虚拟现实、增强现实等先进的教学设备。以机械工程与计算机辅助设计的跨学科教学为例,高性能的计算机设备和专业的CAD软件能够让学生更好地进行机械零件的三维建模和虚拟装配,提升教学效果。

(2)软环境建设加强

学校可以通过组织跨学科活动来营造氛围。例如,开展跨学科知识竞赛,鼓励学生组队参加,每个团队成员来自不同学科专业,通过竞赛促使学生主动学习跨学科知识。同时,设立跨学科交流中心,为教师和学生提供一个跨学科交流互动的场所,定期举办跨学科讲座、研讨会等活动。

建立一套针对跨学科教学环境的评价体系,评价指标应涵盖跨学科知识整合度、跨学科教学设施利用率、跨学科思维培养效果等方面。例如,通过对学生跨学科项目成果的评估,考察教学环境对学生跨学科知识整合能力的影响;通过对教师跨学科教学满意度的调查,了解教学设施对教学活动的支持程度。根据评价结果,有针对性地改进跨学科教学环境。

四、跨学科教学模式的教学资源与环境建设的保障措施

（一）政策与制度保障

1.制定资源建设政策

学校应制定专门的跨学科教学资源建设政策，明确资源建设的目标、任务、资金来源等。例如，规定每年要投入一定比例的教育经费用于跨学科教学资源的开发和更新，鼓励教师参与资源建设，并给予相应的奖励措施，如教学资源开发成果与教师的职称评定、绩效工资挂钩等。

2.完善环境建设制度

建立健全跨学科教学环境建设制度，包括实验室建设与管理制度、信息化设备使用与维护制度、跨学科活动组织制度等。以实验室建设为例，制度中应明确实验室的规划、建设流程、设备采购标准、使用权限等内容；对于信息化设备，规定设备的日常维护责任、使用规范、更新周期等，确保教学环境建设的规范化和有序化。

（二）资金与资源保障

1.设立专项资金

学校应设立跨学科教学资源与环境建设专项资金，专款专用。这笔资金主要用于购买教学资源、建设跨学科实验室、更新信息化设备等。例如，利用专项资金购买新兴学科的教材、在线课程资源，为跨学科实验室购置先进的仪器设备，升级多媒体教室的计算机和网络设备等。

2.整合外部资源

积极整合外部资源，拓宽资源获取渠道，与企业、高校、科研机构等建立合作关系，争取更多的资源支持。例如，与企业合作建立实习基地，企业为学校提供实习设备、实习指导教师等资源；与高校或科研机构合作开展科研项目，共享科研成果转化为教学资源，同时高校或科研机构可以为学校提供专家资源，协助学校进行教学环境建设。

（三）人员与技术保障

1.培养专业人才

培养一批熟悉跨学科教学资源与环境建设的专业人才。对于教师，通过培训和进修，提高他们的资源整合能力、实验室建设与管理能力、信息化教学能力等。例如，选派教师参加跨学科教学资源开发培训课程，学习

如何利用现代教育技术整合多学科教学资源;组织教师到其他先进学校参观学习跨学科实验室建设经验。同时,引进具有跨学科背景和教育技术专长的人才,充实学校的师资队伍。

2.利用现代技术

充分利用现代教育技术为教学资源与环境建设提供保障。例如,利用大数据技术分析学生的学习需求和资源使用情况,以便更精准地开发和整合教学资源;运用云计算技术搭建教学资源共享平台,实现资源的高效存储和便捷访问;借助人工智能技术开发智能教学辅助工具,如智能备课系统、虚拟实验助手等,提升跨学科教学的效率和质量。①

本节阐述了教学资源与环境建设对中职教育跨学科教学模式实施的重要意义。丰富的教学资源和良好的教学环境,能为学生提供更好的学习体验,促进跨学科教学的开展。在实践中,我们要加大对教学资源与环境建设的投入,不断优化教学资源配置,营造有利于跨学科教学的校园环境。

第三节 中职教育跨学科教学模式的学生参与机制与学习效果反馈

学生是教学的主体,在中职教育跨学科教学模式中,如何提高学生的参与度并及时了解学习效果至关重要。本节将探讨跨学科教学模式的学生参与机制与学习效果反馈。我们将分析如何设计有效的学生参与机制,激发学生的学习兴趣和主动性。同时,介绍学习效果反馈的方法和途径,以便及时调整教学策略。

一、跨学科教学模式的学生参与机制

(一)多样化的课程选择激励学生参与

1.个性化课程套餐

在中职教育跨学科教学模式中,为了激励学生参与,提供个性化课程套餐是一个有效的方式。例如,对于对艺术和科技都感兴趣的学生,可以

①郑瑞萍.跨学科项目式学习提升中职生问题解决能力的案例研究:以中职《新媒体美工》课为例[D].上海:上海师范大学,2024.

设计“艺术与科技融合套餐课程”。这个套餐里包含数字艺术课程，学生在其中学习利用计算机软件进行绘画、动画制作等，同时结合科技元素，学习如何将编程知识融入动画的交互设计中。还包含科技美学课程，从美学角度探讨科技产品的设计原理，如手机外观设计中的比例、色彩搭配等背后的美学依据，以及这些美学元素如何与内部的电子技术相协调。

对于那些对农业和生态环境感兴趣的学生，可以有“农业生态套餐课程”。其中有农业种植技术课程，传授不同农作物的种植方法、土壤管理等知识，同时搭配生态环境课程，讲解农业生产与生态系统的相互关系，如农田中的昆虫群落对农作物产量的影响，以及如何通过生态手段控制害虫而不是单纯依赖化学农药。这样的个性化课程套餐能够满足学生不同的兴趣爱好，从而吸引他们积极参与跨学科课程学习。

2.跨学科课程的特色与优势宣传

宣传跨学科课程的特色与优势对于吸引学生参与至关重要。以智能制造跨学科课程为例，要突出其融合了机械工程、电气工程、计算机科学等多学科知识的特点。向学生宣传在这个课程中，他们将有机会亲手设计并制作智能机器人，从机械结构的搭建（机械工程知识），到电路系统的连接（电气工程知识），再到编程实现机器人的智能控制（计算机科学知识），这种综合性的实践体验是传统单一学科课程无法提供的。

在文化创意产业跨学科课程中，强调其能够培养学生的创新思维和跨领域合作能力。宣传在课程中，学生将与来自艺术、文化、市场营销等不同学科背景的同学合作，共同完成文化创意项目，如打造一个具有地方特色的文化旅游产品。在这个过程中，学生可以发挥自己在某一学科的优势，同时学习其他学科的知识，拓宽自己的视野和就业竞争力。

（二）小组合作学习促进学生参与

1.异质小组的组建

在跨学科教学模式下，组建异质小组是促进学生参与的有效手段。以建筑工程与室内设计跨学科教学为例，可以根据学生的学科背景、学习能力和兴趣爱好来组建异质小组。在一个小组中，有建筑工程专业知识较强的学生，他们熟悉建筑结构、施工工艺等知识；也有室内设计专业知识丰富的学生，擅长空间布局、装饰材料选择等方面的知识；此外，还可以有具备一定计算机辅助设计技能的学生，方便小组进行数字化设计工作。

对于生物医学与电子工程跨学科教学，异质小组可以包括生物医学基础知识扎实的学生，如了解人体生理结构、病理机制等，以及电子工程技术熟练的学生，如擅长电路设计、信号处理等。这样不同背景的学生在小组中能够相互学习、取长补短，共同完成跨学科项目。

2.小组任务的设计

精心设计小组任务是小组合作学习的关键。在新能源汽车与市场营销跨学科教学中，小组任务可以是设计一款新能源汽车的市场推广方案。这个任务要求学生综合运用新能源汽车的技术知识（如电池续航、充电技术等）和市场营销知识（如市场定位、品牌推广、销售渠道等）。小组中的新能源汽车专业的学生负责提供汽车技术参数和性能优势等信息，市场营销专业的学生则根据这些信息制定推广策略，同时他们还要共同探讨如何根据目标市场的需求改进新能源汽车的某些技术特性。

在动漫制作与文化传播跨学科教学中，小组任务可以是制作一部具有文化内涵的动漫作品并制定其传播策略。动漫制作专业的学生负责动漫的创作，包括角色设计、剧情编写、动画制作等环节，而文化传播专业的学生则从文化传播的角度对动漫作品进行策划，包括如何融入传统文化元素，如何选择传播平台和受众群体等，通过这样的小组任务促使学生积极参与跨学科学习。

（三）实践项目驱动学生参与

1.企业真实项目的引入

引入企业真实项目能够极大地驱动学生参与跨学科教学。以服装制造与电子商务跨学科教学为例，与服装企业合作引入其电商平台服装销售项目。学生需要参与到项目的各个环节，从服装的设计与生产（服装制造知识），到电商平台的店铺建设、商品上架（电子商务知识），再到网络营销推广（结合市场营销和电子商务知识）。在这个过程中，学生能够接触到企业的实际需求和行业的最新动态，并且他们的学习成果直接与企业的效益相关，这会激发他们的积极性和责任感。

在机械制造与自动化跨学科教学中，引入企业的自动化生产线改造项目。学生要运用机械制造知识分析生产线的机械结构，找出可以优化的部分，同时利用自动化知识设计新的控制系统，提高生产线的自动化程度。这种企业真实项目为学生提供了一个真实的实践场景，让他们深刻体会到跨学科知识在实际工作中的应用价值。

2.校内实践项目的开展

开展校内实践项目也是驱动学生参与的重要方式。在环境科学与园林设计跨学科教学中,校内实践项目可以是校园生态景观的规划与设计。环境科学专业的学生负责对校园的生态环境进行评估,如土壤质量、水质、植被覆盖等情况的调查;园林设计专业的学生则根据评估结果进行景观设计,如合理规划植物种类的分布、设计雨水收集与利用的景观设施等。通过这个校内实践项目,学生能够将所学的跨学科知识应用到校园环境的改善中,增强他们的学习成就感。

在烹饪与营养健康跨学科教学中,校内实践项目可以是设计并制作适合不同人群(如运动员、老年人、素食者等)的营养套餐。烹饪专业的学生负责菜品的制作,营养健康专业的学生则根据不同人群的营养需求提供菜品搭配的建议,在项目实施过程中,学生不仅提高了烹饪技能,也加深了对营养健康知识的理解。

(四)评价体系引导学生参与

1.多元化的评价指标

建立多元化的评价指标是引导学生参与跨学科教学的重要措施。在计算机科学与艺术设计跨学科教学中,评价指标不仅包括学生的计算机编程能力和艺术创作能力,还应涵盖他们的跨学科融合能力。例如,在一个设计交互式艺术作品的项目中,评价学生是否能够巧妙地将编程逻辑与艺术创意相结合,创造出独特的用户体验。

对于旅游管理与历史文化跨学科教学,评价指标除了旅游管理相关的服务技能和历史文化知识的掌握程度外,还要看学生能否将历史文化元素融入旅游产品的设计中,如开发具有历史文化内涵的旅游线路、设计历史文化主题的旅游活动等,通过多元化的评价指标引导学生全面发展跨学科能力。

2.过程性评价与终结性评价相结合

在跨学科教学的评价体系中,将过程性评价与终结性评价相结合能够更好地引导学生参与。以土木工程与材料科学跨学科教学为例,过程性评价可以包括学生在课堂讨论中的表现,如是否能够提出有建设性的意见,将土木工程的结构需求与材料科学的性能相结合;小组项目中的贡献,如在建筑材料的选择与结构设计优化项目中,是否积极参与材料性能测试和结构分析等工作。

终结性评价则可以是最终的项目成果展示,如学生设计的建筑结构模型及其材料选用的合理性、创新性等。通过过程性评价与终结性评价相结合,全面、客观地评价学生的学习过程和学习成果,促使学生积极参与跨学科教学的各个环节。

以上多种学生参与机制的建立,可以提高学生在中职教育跨学科教学模式中的参与度,使他们更好地掌握跨学科知识和技能,为未来的职业发展和个人成长奠定坚实的基础。

二、跨学科教学模式的学生反馈机制

(一)课堂反馈渠道

1. 口头反馈

在跨学科教学的课堂上,口头反馈是最直接的方式之一。在一堂融合了物理和艺术的跨学科课程中,当教师讲解光的折射原理并展示其在玻璃艺术中的体现时,学生可以随时举手发言。他们可能会提出自己对这个原理理解上的疑惑,如不同介质对光的折射角度的具体影响在玻璃艺术作品中的微观表现。学生也可能分享自己的见解,如根据光的折射原理想到了新的艺术创作手法,利用特殊形状的玻璃来创造奇幻的光影效果。这种口头反馈能够让教师及时了解学生的思维动态,调整教学内容和节奏。

在计算机科学与音乐跨学科教学课堂上,当教师介绍如何用编程创作音乐时,学生可以口头反馈他们在编程逻辑与音乐节奏、旋律匹配方面遇到的问题。例如,他们可能不理解如何通过代码控制音乐音符的时值来达到想要的节奏效果。同时,学生也可以分享自己尝试过的创新方法,如利用循环结构创造出有规律的节奏型,这有助于教师进一步深入讲解相关知识,也能激发其他同学的思考。

2. 课堂讨论反馈

课堂讨论是跨学科教学中收集学生反馈的重要途径。以生物与化学跨学科课程为例,在讨论生物体内的化学反应时,教师可以引导学生进行小组讨论。学生在讨论过程中会交流各自的想法和观点,如在探讨酶的催化作用时,有的学生会从生物的角度阐述酶的特异性与生物功能的关系,而有的学生则会从化学的角度分析酶的活性中心与底物分子的化学结构匹配。这些讨论内容反映了学生对知识的掌握程度和思考方向，教师可以通过巡视各小组的讨论情况，倾听学生的发言，获取反馈信息。

在历史与地理跨学科教学中，当讨论历史事件与地理环境的相互影响时，学生在课堂讨论中的反馈能够展现他们的综合思维能力。例如，在讨论古代文明的兴起与河流流域的关系时，学生可能会提到不同河流的地理特征（如尼罗河的定期泛滥对古埃及农业的影响）如何塑造了当地的历史文化（如古埃及的宗教信仰、社会结构等）。教师可以根据这些反馈，发现学生在跨学科知识整合方面的优势和不足，从而调整教学策略。

（二）课后反馈渠道

1.作业反馈

作业是学生课后反馈的重要形式。在数学与工程跨学科教学中，作业可能包括运用数学知识解决工程实际问题的题目。例如，要求学生根据工程结构的力学模型，利用数学公式计算出关键部位的受力情况。学生在完成作业的过程中会暴露出他们对知识的理解和运用能力。如果学生在作业中频繁出错，可能说明他们对数学公式在工程情境中的应用存在误解，或者是对工程结构的力学原理理解不透彻。

在语言与文化跨学科教学中，作业可以是对不同文化背景下语言表达特点的分析。学生通过作业反馈他们对文化与语言关系的理解程度。在分析英语和汉语在商务谈判中的表达差异时，学生如果不能准确指出文化因素对语言策略的影响，教师就可以了解到学生在这一跨学科知识领域的薄弱环节，进而在后续教学中加强相关内容的讲解。

2.在线平台反馈

借助在线教学平台，学生可以在课后方便地进行反馈。在艺术与科技跨学科课程中，在线平台可以设置专门的反馈板块。学生可以在上面发表对课堂上艺术创作与科技应用结合点的感悟。在学习数字艺术创作工具后，学生可以分享自己在尝试使用新工具时遇到的技术问题，如软件的某个功能在实现特定艺术效果时的局限性。

在体育与健康科学跨学科教学中，学生可以通过在线平台反馈他们在课后进行体育锻炼时，如何运用健康科学知识调整锻炼计划的情况。学生可能会反馈在根据自己的身体状况（如心率、血压等健康指标）调整运动强度和时间方面遇到的困难，教师可以根据这些反馈给予针对性的指导。

（三）定期问卷调查反馈

1.教学内容满意度调查

定期进行教学内容满意度调查有助于全面了解学生的反馈。在物理与信息技术跨学科教学中，问卷可以询问学生对教学内容中物理原理与信息技术应用结合的满意度。例如，是否觉得物理概念在信息技术设备（如芯片制造中的半导体物理原理）讲解得足够清晰，是否认为信息技术手段（如虚拟实验室模拟物理实验）有助于理解物理知识。学生的回答能够反映出教学内容的合理性和有效性，教师可以根据调查结果对教学内容进行优化，如增加或调整某些物理原理与信息技术结合的案例。

在教育与心理学跨学科教学中，关于教学内容满意度的调查可以涉及教育理论与心理学原理融合的情况。学生可能会反馈在某些教育场景下，心理学原理的应用是否过于理论化，缺乏实际操作指导。教师根据这些反馈，可以调整教学内容，增加更多实际教育案例来解释心理学原理在教育中的应用。

2.教学方法有效性调查

教学方法有效性的调查也是问卷调查反馈的重要部分。在烹饪与营养跨学科教学中，问卷可以询问学生对教学方法的看法，如在实践教学环节中，教师示范与学生自主操作的比例是否合适。学生可能会反馈在实践操作时，希望有更多的自主尝试机会，或者是希望教师在示范过程中能够更加详细地讲解每个步骤的营养原理。

在建筑与环境设计跨学科教学中，教学方法有效性调查可以针对案例教学法的效果。学生可能会反馈在案例分析中，是否能够充分理解建筑设计与环境因素的相互关系，以及是否希望增加更多本地建筑案例进行分析等。教师根据这些反馈，可以改进教学方法，提高教学效果。

（四）学生代表反馈机制

1.学生代表的选拔

选拔学生代表是建立有效反馈机制的重要环节。在跨学科教学中，学生代表应该具有广泛的代表性。例如，在机电一体化跨学科教学中，要从不同专业背景（如机械工程专业和电气工程专业）的学生中选拔代表，确保能够反映出各个专业学生在跨学科学习中的问题和需求。选拔过程可以综合考虑学生的学习成绩、沟通能力和参与课堂活动的积极性等因素。

在金融与法律跨学科教学中，学生代表的选拔要涵盖不同学习层次的学生。既要有成绩优秀、对知识理解深入的学生，也要有在学习过程中遇到较多困难的学生。这样不同层次的学生代表能够全面反馈在跨学科学习中，不同学习水平的学生所面临的问题，如对于金融法律条文理解的深度差异，以及在金融业务中法律风险防范意识的不同情况等。

2.学生代表与教师的定期沟通

学生代表与教师的定期沟通是反馈机制的核心。在农业与生物技术跨学科教学中，学生代表可以定期与教师进行面谈。在面谈中，学生代表可以汇总同学们在学习过程中遇到的共性问题，如在农业实践中生物技术应用的操作难点，以及生物技术理论知识与农业实际生产结合的困惑。教师可以根据这些反馈，调整教学内容，如增加实践操作指导的时间，或者补充更多实际农业生产中的生物技术应用案例。

在传媒与社会学跨学科教学中，学生代表与教师定期沟通时，除了反馈学习中的问题，还可以提出改进教学的建议。例如，学生代表可能建议在教学中增加更多社会热点话题的传媒案例分析，以提高学生对传媒与社会关系的理解。教师可以根据这些建议，优化教学方案，提高教学质量。

通过以上多种学生反馈机制的建立，教师可以及时、全面地了解学生在跨学科教学模式下的学习情况，从而不断调整和优化教学策略，提高跨学科教学的效果。

三、跨学科教学模式的学生参与和反馈机制的挑战与对策

（一）跨学科教学模式的学生参与和反馈机制的挑战

1.学生自身方面

（1）知识基础差异

中职学生在入学时的学科知识基础参差不齐。在跨学科教学模式下，由于涉及多个学科知识的融合，这种差异可能会被放大。例如，在物理与电子技术的跨学科课程中，部分学生可能在物理的电学知识方面基础薄弱，而另一些学生可能对电子技术中的电路元件知识缺乏了解。这就导致在学习跨学科知识时，学生的起点不同，一些学生可能会因为难以跟上教

学进度而降低参与度。

(2)学习习惯和思维方式

中职学生在长期的传统单学科学习中形成了较为固定的学习习惯和思维方式。单学科学习往往注重知识的系统性和独立性,而跨学科学习需要学生具备整合知识、迁移应用的能力。例如,在艺术与计算机的跨学科教学中,学生需要将艺术创作的灵感与计算机编程的逻辑思维相结合。然而,很多学生习惯于传统的学习方式,难以快速适应跨学科学习的要求,这对他们积极参与跨学科教学形成了阻碍。

2.教学内容与方法方面

(1)教学内容的复杂性

跨学科教学内容融合了多个学科的概念、原理和技能,具有较高的复杂性。例如,在生物工程与化学的跨学科课程中,涉及生物化学、分子生物学、有机化学、化工原理等多方面知识的交叉。对于中职学生来说,理解和掌握这样复杂的教学内容存在一定难度。如果教学内容的呈现方式不够清晰、生动,学生可能会产生畏难情绪,进而影响他们的参与度和反馈的积极性。

(2)教学方法的适应性

传统的教学方法在跨学科教学中可能存在不适应的情况。跨学科教学需要采用更加多样化、创新性的教学方法,如项目式学习、问题导向学习等。然而,这些方法的有效实施需要教师具备较高的教学能力,同时也需要学生具备一定的自主学习能力和团队协作能力。例如,在开展以"城市规划中的环境与建筑设计"为主题的跨学科项目式学习时,学生需要自主收集资料、进行实地调研、与团队成员合作设计方案等。部分学生可能不适应这种自主、开放的教学方法,导致参与度不高,也难以提供有效的反馈。

3.反馈渠道与激励机制方面

(1)反馈渠道不畅

在跨学科教学模式中,建立有效的学生反馈渠道是十分重要的。然而,目前很多中职学校在这方面存在不足。反馈渠道可能过于单一,如仅依赖于课后的问卷调查,这种方式难以全面、及时地收集学生的反馈信息。而且,反馈的处理机制可能不完善,学生的反馈意见得不到及时回应和有效处理,使学生逐渐失去反馈的热情。

(2)激励机制缺乏

缺乏有效的激励机制鼓励学生积极参与跨学科教学和提供反馈。在传统教学模式中,学生的成绩主要取决于考试成绩,而在跨学科教学中,学生的参与度、团队协作能力、创新思维等方面也应该得到重视。如果没有相应的激励措施,如奖励机制、评价机制的改进等,学生可能缺乏足够的动力去积极参与跨学科教学并提供有价值的反馈。

(二)跨学科教学模式的学生参与和反馈机制的实施对策

1.针对学生自身问题的对策

(1)分层教学与个性化辅导

根据学生的知识基础差异进行分层教学。例如,在数学与计算机编程的跨学科教学中,可以将学生分为基础层、提高层和拓展层。针对不同层次的学生设计不同难度的教学内容和教学任务。同时,为学习困难的学生提供个性化辅导,帮助他们弥补知识漏洞,逐步跟上教学进度,提高参与跨学科教学的能力。

(2)学习习惯和思维方式培养的对策

在教学过程中注重培养学生的跨学科学习习惯和思维方式。教师可以引导学生进行知识迁移,如在文学与历史的跨学科教学中,让学生通过分析文学作品中的历史背景,将文学知识与历史知识联系起来。同时,采用启发式教学方法,激发学生的创新思维,鼓励学生从不同学科的角度思考问题,逐步适应跨学科学习的要求。

2.针对教学内容与方法问题的对策

(1)优化教学内容呈现

将复杂的跨学科教学内容进行模块化、情境化处理。例如,在机械制造与自动化的跨学科课程中,将教学内容分为机械结构设计、自动化控制系统、机械加工工艺等模块,每个模块设置具体的学习情境,如汽车发动机制造中的机械与自动化应用。通过这种方式,使教学内容更加清晰、直观,便于学生理解和掌握。

(2)改进教学方法实施

加强教师对创新教学方法的培训和实践。教师应深入理解项目式学习、问题导向学习等方法的内涵和实施要点,根据教学内容和学生特点灵活运用。例如，在开展"智能农业系统设计"跨学科项目式学习时，教师要提前做好项目规划，明确项目目标、任务分解、评价标准等。在项目实施过程中，给予学生充分的指导和支持，帮助学生逐步掌握项目式学习的方法，提高参与度。

3. 针对反馈渠道与激励机制问题的对策

（1）拓宽反馈渠道

建立多元化的学生反馈渠道，除了传统的问卷调查外，还可以设置课堂即时反馈环节，如利用在线投票工具让学生对课堂内容进行即时评价；建立学生意见箱，方便学生随时提交书面反馈；开展师生定期座谈会，让学生有机会面对面与教师交流跨学科教学中的问题和建议。同时，完善反馈处理机制，对学生的反馈意见及时分类、整理和回复，让学生感受到自己的反馈是被重视的。

（2）构建激励机制

建立全面的学生评价体系，将学生在跨学科教学中的参与度、团队协作能力、创新思维等纳入评价范围。例如，在跨学科课程的成绩评定中，参与度占一定比例，通过课堂表现、小组项目贡献等方面进行量化考核。同时，设立专门的奖励制度，对在跨学科教学中表现优秀的学生给予表彰和奖励，如颁发荣誉证书、提供学习资源或参加实践活动的机会等，激励学生积极参与跨学科教学并提供反馈。

四、跨学科教学模式的学生参与和反馈机制的保障措施

（一）教师培训保障

1. 跨学科教学能力培训

为教师提供跨学科教学能力培训，包括跨学科知识整合能力、创新教学方法运用能力、学生反馈信息处理能力等方面的培训。例如，组织教师参加跨学科教学研讨会，邀请专家举办讲座和培训，让教师学习先进的跨学科教学理念和方法，提高教师在跨学科教学中的教学水平，从而更好地引导学生参与跨学科教学并处理学生的反馈信息。

2. 学生心理与学习特点培训

对教师进行中职学生心理与学习特点的培训，使教师深入了解学生的知识基础、学习习惯、思维方式等方面的特点。教师可以根据这些特点调

整教学策略，设计更符合学生需求的跨学科教学内容和反馈机制。例如，了解到中职学生的形象思维较强，教师可以在跨学科教学中增加更多的案例分析、实践操作等环节，提高学生的参与度，并根据学生的反馈及时调整教学。

（二）教学资源保障

1.教材与课程资源建设

开发适合中职学生的跨学科教材和课程资源。教材内容应注重学科知识的融合、内容的难易程度适中、呈现方式生动有趣。例如，在编写“环境科学与艺术设计”跨学科教材时，可以以实际的环境艺术项目为案例，将环境科学中的生态知识、环保理念与艺术设计中的造型、色彩等知识有机融合。同时，配套开发多媒体课程资源，如教学视频、动画演示等，为学生提供丰富的学习资源，有助于提高学生的参与度并激发他们的反馈热情。

2.学习环境优化

优化中职学校的学习环境，包括教室设施、实验室设备、校园文化氛围等方面。良好的学习环境能够为跨学科教学提供有力的支持。例如，建设多功能教室，配备先进的教学设备（如智能交互大屏、虚拟现实设备等），方便教师开展多样化的跨学科教学活动。营造跨学科学习的校园文化氛围，如举办跨学科知识竞赛、文化节等活动，鼓励学生积极参与跨学科学习，增强学生对跨学科教学的认同感。

（三）管理与制度保障

1.教学管理调整

学校的教学管理部门应调整管理方式，以适应跨学科教学模式的学生参与和反馈机制。例如，在课程安排上，要充分考虑跨学科课程的特点，合理安排课程时间和教学进度。在教学评价方面，要建立与跨学科教学相适应的评价制度，鼓励教师采用多元化的评价方式，关注学生的全面发展。同时，教学管理部门要加强对跨学科教学的监督和指导，定期检查教学质量，确保学生参与和反馈机制的有效实施。

2.反馈制度建设

建立完善的学生反馈制度，明确学生反馈的内容、方式、时间、处理流程等。例如,规定学生在每学期的跨学科课程中至少有两次正式的反馈机会,可以通过书面报告或在线平台提交反馈内容。学校应设立专门的部门或人员负责收集、整理和处理学生的反馈信息,并将处理结果及时反馈给学生。通过完善的反馈制度,保障学生的参与权和反馈权,促进跨学科教学的不断改进。①

本节强调了学生参与机制与学习效果反馈在中职教育跨学科教学模式中的重要性。通过建立完善的学生参与机制,学生能更加积极地参与到跨学科教学中。及时的学习效果反馈能帮助教师调整教学策略,提高教学质量。在今后的教学中,我们要不断优化学生参与机制和学习效果反馈体系,促进学生的全面发展。

①胡晴. 基于STEM的跨学科融合在中职旅游专业中的应用探究:以《山地旅游景观》为例[D]. 苏州:苏州大学,2023.

第五章 中职教育跨学科教学模式的评估与优化

为了确保中职教育跨学科教学模式的有效性和可持续性，需要进行科学的评估与优化。本章首先介绍跨学科教学模式的评估标准与方法，为评估提供依据。接着通过具体案例，展示该模式的实施效果评估过程。最后，根据评估结果提出优化路径和未来发展趋势的建议。通过本章的学习，读者将了解如何对跨学科教学模式进行评估和改进，以适应不断变化的教育需求和社会发展。

第一节 中职教育跨学科教学模式的评估标准与方法

为了确保中职教育跨学科教学模式的有效性和可持续性，需要建立科学的评估标准和方法。本节将详细介绍跨学科教学模式的评估标准与方法。我们将探讨如何从教学目标、教学过程、教学效果等方面制定评估标准。同时，介绍常用的评估方法，如学生评价、教师自评、专家评估等。通过科学的评估，为跨学科教学模式的优化提供依据。

一、跨学科教学模式的评估标准

（一）学科知识融合程度

1.知识的整合深度

在中职教育跨学科教学模式中，知识的整合深度是评估学科知识融合程度的重要方面。例如，在机械制造与电子技术的跨学科教学中，不仅仅是简单地将机械原理和电子电路知识并列讲解，而是要深入将电子控制系统深度融入机械结构的设计中。又如，在自动化生产设备的教学中，要让学生明白如何根据机械运动的需求，设计与之匹配的电子传感器和控制器，使机械部件能够根据电子信号精确地执行动作。这种深度的整合意味着学生能够理解不同学科知识在一个复杂系统中的相互作用，而不是孤立地看待机械和电子知识。

在艺术与历史文化的跨学科教学里，知识的整合深度体现在如何将历史文化元素融入艺术创作的核心概念中。例如，在教授传统民俗艺术时，要让学生深入理解民俗文化背后的历史渊源、社会意义等，然后将这些元素通过艺术创作手法，如绘画、雕塑等，进行重新诠释。不是仅仅在作品表面添加一些历史文化符号，而是让作品能够深刻地反映出特定历史文化时期的精神内涵，这才是深度的知识整合。

2. 知识的覆盖广度

知识的覆盖广度也是评估的关键。以生物工程与化学工程的跨学科教学为例，评估时需要考量是否涵盖了生物工程中的细胞培养、基因工程、生物发酵等多个领域的知识，以及化学工程中的反应工程、分离工程、化工工艺等多方面知识。如果在教学中只侧重于某一局部知识，如仅讲解生物发酵和化工反应工程，而忽略了其他重要知识领域，那么就无法实现全面的跨学科知识融合。

在环境科学与地理学的跨学科教学中，知识的覆盖广度要求涉及环境科学中的生态系统保护、环境污染治理、环境监测等内容，以及地理学中的自然地理、人文地理等多个方面。例如，在探讨区域环境问题时，要综合考虑该区域的自然地理特征（如地形、气候等）对环境污染扩散的影响，以及人文地理因素（如人口分布、产业结构等）对生态系统的压力，这样才能体现出跨学科知识在广度上的融合。

（二）学生学习成果

1. 知识与技能的掌握

学生对跨学科知识与技能的掌握是重要的评估标准。在计算机科学与多媒体技术的跨学科教学中，学生应该掌握计算机编程技能，能够编写多媒体素材处理程序，如利用编程语言实现图像的特效处理、视频的剪辑合成等；同时，还需要掌握多媒体技术中的音频、视频、图像等素材的基本特性和制作规范。如果学生能够熟练地运用所学知识和技能，创作出具有一定创意和实用性的多媒体作品，如制作一个包含动画、音乐和交互功能的电子宣传册，就说明他们在知识与技能的掌握方面达到了较好的水平。

在建筑设计与力学的跨学科教学里，学生要掌握建筑结构力学的基本原理，能够根据不同的建筑功能和地理环境，设计出合理的建筑结构，包括计算建筑物在各种荷载作用下的内力和变形，选择合适的建筑材料来满足结构强度和稳定性的要求。并且，学生还要掌握建筑设计的美学原则和空间规划技巧，能够将力学原理与建筑的外观设计、内部空间布局有机结合起来，通过实际的建筑设计图纸和模型制作来展示他们对知识与技能的掌握程度。

2. 跨学科思维能力的发展

跨学科思维能力的发展也是评估学生学习成果的重要方面。在农业与市场营销的跨学科教学中，学生需要发展系统思维能力。例如，在农产品的市场推广方案制定中，学生要考虑到农业生产的季节性、农产品的品质特性、市场需求的波动性等多方面因素，从农业生产到市场销售的整个系统流程进行分析和规划，而不是单纯地从农业或市场营销的单一角度出发。

在音乐与物理学的跨学科教学中，学生的跨学科思维能力体现在对音乐声学原理的理解和应用上。他们要能够从物理学的角度分析音乐的音高、音色、响度等特性，并且运用这种跨学科思维来进行音乐创作或乐器改进。例如，通过改变乐器的物理结构（如弦乐器的弦长、张力等）来创造出不同的音色效果。

（三）教学目标达成度

1. 总体教学目标

评估跨学科教学模式要考量总体教学目标的达成情况。以航空航天与材料科学的跨学科教学为例，总体教学目标可能是培养能够从事航空航天材料研发与应用的专业人才。那么在评估时，就要看学生是否具备航空航天材料基本特性（如高强度、低密度、耐高温等）的相关知识，是否掌握航空航天材料的制备工艺和检测方法，以及是否能够根据航空航天工程的实际需求（如飞机发动机部件、航天器外壳等）选择合适的材料。如果学生在这些方面达到了预期的教学目标，就说明跨学科教学在总体目标上取得了较好的成果。

在护理与心理学的跨学科教学中，总体教学目标可能是培养具有良好心理护理能力的护理人员。评估时要考查学生是否掌握了心理学的基本理论，如不同患者的心理特点、心理干预的方法等，并且能否将这些心理学知识运用到护理实践中，如通过有效的心理沟通提高患者的治疗依从性、改善患者的心理状态等。如果学生能够在实际护理工作中实现这些目标，就表明较好地达成了教学目标。

2. 阶段性教学目标

除了总体教学目标，阶段性教学目标的达成度也不容忽视。在汽车工程与电子技术的跨学科教学中，阶段性教学目标可能包括：在第一阶段让学生掌握汽车电子控制系统的基本架构和工作原理，在第二阶段让学生能够进行简单的汽车电子设备故障诊断和维修。评估时要检查学生在每个阶段是否达到了相应的目标。如果在第一阶段，学生能够清晰地画出汽车电子控制系统的原理框图，解释各个部件的功能和相互关系，就说明第一阶段目标达成；如果在第二阶段，学生能够运用检测工具对汽车电子设备的常见故障进行准确诊断并修复，就表明第二阶段目标达成。

在服装设计与纺织工程的跨学科教学中，阶段性教学目标可以设定为在初期让学生了解不同纺织面料的特性和生产工艺，中期让学生能够根据服装设计的需求选择合适的面料，后期让学生将面料的特性与服装设计的款式、风格等元素完美结合，制作出完整的服装作品。通过对每个阶段学生的学习成果进行评估，可以准确判断阶段性教学目标的达成情况，进而对教学过程进行调整和优化。

（四）教学资源利用率

1. 硬件资源

硬件教学资源的利用率是评估跨学科教学模式的一个维度。在机械工程与自动化的跨学科教学中，硬件资源包括机床、自动化生产线设备、机器人等。评估时要看这些设备是否得到了充分利用。例如，机床是否在教学中被用于机械零件的加工实践，学生是否有足够的机会操作自动化生产线设备来了解自动化生产流程，机器人是否被用于展示自动化控制原理和进行编程操作练习。如果设备经常闲置或者只有少数学生有机会使用，就说明硬件资源的利用率较低。

在多媒体教学中，硬件资源如投影仪、计算机、音响设备等的利用率也需要评估。在艺术与多媒体技术的跨学科教学中，投影仪是否经常用于展示艺术作品、多媒体课件，计算机是否被学生用于艺术创作软件的操作，音响设备是否在音乐与多媒体作品展示中发挥了应有的作用。如果这些设备在教学过程中没有被充分利用,就会影响教学效果。

2. 软件资源

软件资源的利用率同样重要。在计算机科学与数学的跨学科教学中,软件资源包括数学建模软件、编程开发环境等。评估时要考虑学生是否熟练掌握这些软件的使用方法,是否能够运用软件解决数学问题,如利用数学建模软件解决实际生活中的优化问题,在编程开发环境中编写算法解决数学计算问题。如果学生对软件资源的使用不熟练,或者软件在教学中没有被广泛应用,就说明软件资源的利用率不高。

在教育技术与课程设计的跨学科教学中,软件资源如课程设计软件、在线教育平台等的利用情况需要评估。课程设计软件是否被用于设计跨学科课程的教学方案,在线教育平台是否被充分利用来开展线上教学、教学资源共享、师生互动等活动。如果这些软件资源没有得到有效利用,就无法发挥其在跨学科教学中的辅助作用,影响教学资源的整体利用率。

(五)教师教学能力

1. 跨学科知识储备

教师的跨学科知识储备是评估教师教学能力的重要方面。在生物与化学跨学科教学中,教师需要具备扎实的生物学知识,如细胞生物学、生物化学等领域的知识,同时也要精通化学知识,如有机化学、无机化学等方面的知识。只有教师自身具备丰富的跨学科知识,才能在教学中深入浅出地讲解生物与化学知识的融合点,如在讲解生物体内的化学反应时,能够准确地从化学角度解释反应的原理,从生物角度阐述反应的意义。

在历史与地理跨学科教学中,教师要掌握历史学科的通史知识、断代史知识以及各种历史事件和人物,同时也要熟悉地理学科的自然地理、人文地理知识。如此,教师才能将历史事件与地理环境有机结合起来,如讲述古代文明的兴起与河流、山脉等地理因素的关系时,能够提供准确、丰富的知识内容,引导学生进行跨学科思考。

2. 跨学科教学方法的运用

教师运用跨学科教学方法的能力也是评估的关键。在艺术与文学跨学科教学中,教师要能够运用比较教学法,将艺术作品(如绘画、雕塑等)与文学作品(如诗歌、小说等)进行对比分析,引导学生发现两者在表现主题、表达情感、创作手法等方面的异同点。同时，教师还要能够运用项目驱动教学法，组织学生开展跨学科项目，如让学生创作一部以文学作品为蓝本的艺术作品，或者根据艺术作品创作一篇文学作品，在项目实施过程中培养学生的跨学科能力。

在工程技术与经济学的跨学科教学中，教师要善于运用案例教学法，通过实际的工程经济案例，如工程项目的投资决策、成本效益分析等，让学生理解工程技术与经济学的关系。此外，教师还可以运用模拟教学法，模拟工程建设过程中的经济活动场景，让学生参与其中，提高学生运用跨学科知识解决实际问题的能力。

通过以上多方面的评估标准，可以全面、系统地评估中职教育跨学科教学模式的有效性，为教学模式的优化提供依据，从而不断提高跨学科教学的质量和水平。

二、跨学科教学模式的评估方法

（一）考试与测验

1.综合性测试

在跨学科教学模式的评估中，考试是一种常用的方法，而综合性试卷设计尤为重要。对于计算机科学与艺术设计的跨学科课程，试卷可以包含理论知识和实践操作两部分。在理论知识方面，考查学生对计算机图形学原理与艺术设计美学原理的掌握程度，如设置关于色彩在计算机屏幕显示与艺术作品视觉效果中的不同呈现方式的问题，学生需要将计算机知识中的色彩模型（如RGB模型）与艺术设计中的色彩搭配理论相结合作答。在实践操作部分，试卷可以要求学生使用特定的设计软件（如Adobe Photoshop）来完成一个融合了计算机特效与艺术创意的作品，如制作一幅具有科技感的海报，以考察他们在实际操作中运用跨学科知识的能力。

在机械工程与物理学的跨学科教学评估中，综合性试卷应涵盖机械结构原理、力学定律等多方面知识。例如，在力学定律部分，可能会有关于如何根据牛顿第二定律计算机械部件在运动过程中的受力情况的问题，这要求学生理解力学定律在机械工程中的实际应用。在机械结构原理方面，考查学生对不同机械结构（如齿轮传动、连杆机构等）的原理及优化方法的掌握，并且要求学生能够运用物理学原理（如能量守恒定律）对机械结构的效率进行分析。

2.阶段性测验

阶段性测验能够及时反馈学生在跨学科学习过程中的掌握情况。以生物工程与化学工程的跨学科教学为例,在课程的前期阶段,测验可以侧重于基础知识,如生物工程中的微生物代谢途径和化学工程中的基本化学反应类型。通过这样的测验,教师可以了解学生是否对基础知识有扎实的理解,以便及时调整教学策略。在课程的中期阶段,测验内容可以更加深入和综合,如考查学生如何运用化学工程中的分离技术提取生物工程中的特定产物,这需要学生将两个学科的知识进行融合运用。到了后期阶段,测验可以围绕实际项目或案例展开,如让学生设计一个利用生物发酵技术生产化学品的工艺流程,全面考查学生的跨学科综合能力。

在环境科学与地理学的跨学科教学中,阶段性测验也具有重要意义。前期测验可以针对环境科学中的环境要素(如大气、水、土壤等)的基本概念和地理学中的地形、气候等基础知识。中期测验则可以涉及环境要素与地理因素的相互关系,如考查学生如何分析地形对区域水资源分布的影响以及这种影响对当地生态环境的作用。后期测验可以让学生针对某一特定区域的环境问题,综合运用环境科学和地理学知识提出解决方案,如针对某山区的水土流失问题,提出基于地形改造和植被恢复的综合防治方案。

(二)作品与项目评估

1.作品评估

作品评估是评估跨学科教学模式的有效方法之一。在艺术与文学跨学科教学中,学生可能会创作一些融合了艺术和文学元素的作品,如为一首诗歌创作一幅插画。对于这样的作品,评估可以从多个方面进行。首先是主题表达,看插画是否准确地诠释了诗歌的主题,如果诗歌表达的是对自然的热爱,插画是否通过色彩、形象等元素传达出这种情感。其次是艺术技巧与文学内涵的融合,评估插画的绘画技巧(如线条、色彩、构图等)是否与诗歌的文学风格(如浪漫主义、现实主义等)相匹配。例如,对于一首具有浪漫主义风格的诗歌,插画是否采用了富有想象力的色彩和流畅的线条来表现那种梦幻般的意境。

在音乐与历史跨学科教学中,学生的作品可能是根据某一历史时期创作的音乐作品。在评估时，一方面要考察音乐作品是否准确地反映了那个历史时期的文化氛围，如使用当时流行的音乐风格、乐器等；另一方面要评估音乐的表现力是否与历史事件或人物的特征相契合，如果是为某个英雄人物创作的音乐，音乐是否能够传达出英雄的豪迈气概和伟大精神。同时，还要看学生在作品创作过程中对历史资料的研究和运用情况，是否能够将历史元素巧妙地融入音乐的旋律、节奏等元素中。

2.项目评估

项目评估在跨学科教学模式评估中也占据重要地位。以建筑工程与环境科学的跨学科教学为例，学生可能会参与一个建筑项目，如设计一座绿色环保建筑。在项目评估时，首先要考察项目的目标达成情况，即建筑是否满足绿色环保的要求，是否采用了节能设备、可再生能源利用系统等。其次是团队协作能力，因为建筑项目通常需要多个学科背景的学生合作完成，评估团队成员之间的沟通、分工与协作是否顺畅。例如，建筑工程专业的学生负责建筑结构设计，环境科学专业的学生负责环境影响评估和绿色技术应用，他们之间是否能够有效地配合。此外，还要评估项目的创新能力，看学生在建筑设计和环保技术应用方面是否有独特的创新点，如是否采用了新型的建筑材料或节能技术方案。

在电子工程与市场营销的跨学科教学中，学生参与的项目可能是为一款电子产品制定市场推广方案。在评估这个项目时，要分析市场定位是否准确，即是否针对产品的特点和目标客户群体制定了合理的市场策略。例如，对于一款高端电子产品，推广方案是否针对高收入、追求品质的消费群体。还要评估营销策略的有效性，如广告宣传、促销活动等是否能够吸引目标客户。同时，要考查学生在项目中对电子工程知识的运用情况，如是否能够根据产品的技术参数（如性能、功能等）突出产品的优势，以及在制定价格策略时是否考虑到产品的成本和技术含量等电子工程方面的因素。

（三）课堂观察

1.教师观察视角

在课堂观察这种评估方法中，教师的观察视角非常关键。在数学与物理学跨学科教学中，教师要观察学生在课堂上的思维过程。例如，当讲解利用数学方法解决物理问题（如利用微积分计算物理量的变化率）时，教师要注意学生是否能够理解数学工具在物理情境中的应用逻辑，是否能够将数学公式正确地代入物理问题中进行求解。教师还要观察学生的课堂参与度，看学生是否积极回答问题、参与课堂讨论。例如，在讨论物理中的力学问题时，是否有学生主动运用数学知识提出新的解决方案。此外，教师要关注学生的合作学习情况，在小组合作解决跨学科问题时，观察学生是否能够发挥自己的学科优势，与小组成员进行有效沟通和协作。

在语言与文化跨学科教学中，教师要从多个方面进行观察。首先是学生对文化知识的理解程度，在讲解不同语言背后的文化内涵时，观察学生是否能够理解文化差异对语言表达的影响。例如，在介绍英语和汉语中的礼貌用语时，看学生是否能明白两种语言在礼貌表达形式和文化根源上的不同。其次是学生的语言运用能力，观察学生在课堂交流中是否能够准确地运用语言表达自己的文化见解，是否能够运用所学的文化知识使语言表达更加丰富和得体。同时，教师还要观察学生在跨文化交流情境模拟中的表现，看他们是否能够适应不同文化背景下的交流方式，灵活运用语言进行沟通。

2.学生观察视角

从学生观察视角进行课堂观察也能为跨学科教学模式评估提供有价值的信息。在化学与生物学跨学科教学中，学生可以观察教师的教学方法是否有助于跨学科知识的传授。例如，教师在讲解生物体内的化学反应时，是否采用了对比、类比等方法将化学知识与生物学知识有机结合起来，使学生更容易理解。学生还可以观察教师对不同学科知识的整合是否合理，如在介绍新陈代谢过程中的化学反应时，是否将化学中的反应类型与生物体内的代谢途径清晰地联系起来。此外，学生可以观察课堂氛围是否有利于跨学科学习，如课堂上是否鼓励学生提出跨学科的问题，是否存在积极的讨论和交流氛围。

在教育与心理学跨学科教学中，学生观察的重点可以包括教师对教育理论与心理学原理结合的阐释是否清晰。例如，在讲解如何根据学生的心理特点进行教育教学时，教师是否能够通过具体的案例将教育理论和心理学原理深入浅出地讲解清楚。学生还要观察教师是否注重培养他们的跨学科思维能力，如在课堂讨论中是否引导学生从教育和心理学两个角度分析问题，是否鼓励学生将心理学原理应用到教育实践的设想和讨论中。同时，学生可以观察教师对不同学生的关注情况，看教师是否能够根据学生的学习进度和理解能力提供个性化的指导，以促进全体学生在跨学科学习中的发展。

（四）学生自评与互评

1.学生自评

学生自评是跨学科教学模式评估中的重要组成部分。在体育与健康科学跨学科教学中，学生可以对自己在学习过程中的表现进行评价。例如，在学习运动生理学知识与健身实践相结合的内容时，学生可以评估自己对运动生理学原理（如肌肉收缩原理、能量代谢过程等）的理解程度，思考自己是否真正掌握了这些知识在健身锻炼中的应用。学生还可以对自己的健身计划制定和执行情况进行自评，如是否根据自己的身体状况（如身高、体重、健康状况等）制定了合理的健身计划，在执行计划过程中是否达到了预期的锻炼效果，是否能够根据身体的反馈及时调整健身计划。此外，学生可以自评自己在体育与健康科学跨学科知识融合方面的能力，如是否能够将健康饮食知识与运动锻炼计划相结合，以达到更好的健身效果。

在艺术与信息技术跨学科教学中，学生自评可以围绕自己在艺术创作与信息技术应用结合方面的能力展开。例如，在使用数字绘图软件进行艺术创作时，学生可以评价自己对软件工具（如绘图笔刷、图层管理、滤镜效果等）的掌握程度，是否能够熟练地运用这些工具表达自己的艺术创意。学生还可以对自己在将信息技术元素融入艺术作品（如在动画作品中加入交互功能、在数字绘画中运用特效来增强视觉效果等）方面的能力进行自评，思考自己在作品中是否有效地体现了信息技术与艺术的融合，以及如何进一步提高这种融合能力。

2.学生互评

学生互评能够提供不同的视角，丰富评估的维度。在音乐与舞蹈跨学科教学中，学生可以互相评价彼此的作品。例如，在音乐与舞蹈的配合方面，一名学生可以评价另一名学生在舞蹈表演中是否能够准确地把握音乐的节奏、旋律和情感，是否通过舞蹈动作将音乐的内涵充分地表现出来。同时，在舞蹈编排方面，学生可以互评编排是否与音乐的结构和风格相匹配，如对于一首三段式结构的音乐，舞蹈编排是否有相应的起承转合，是否体现了音乐的风格特点(如古典音乐对应的典雅舞蹈风格,流行音乐对应的时尚舞蹈风格等)。此外,在音乐创作与舞蹈创意的融合上,学生也可以互相评价,看音乐是否能够为舞蹈增添独特的氛围,舞蹈是否能够为音乐提供生动的视觉诠释。

在工程与设计跨学科教学中,学生互评可以针对项目成果进行。例如,在一个产品设计项目中,一名学生可以评价另一名学生设计的产品在工程可行性方面的情况,如产品的结构设计是否合理,是否考虑到了材料的性能、加工工艺等工程因素。同时,在设计美学方面,学生可以互评产品的外观设计是否美观、是否符合用户需求和市场趋势,如产品的形状、颜色、材质质感等是否具有吸引力。此外,在工程与设计的综合考量上,学生可以互相评价对方是否在产品设计中有效地平衡了工程实用性和设计美观性,是否有独特的创新点将工程技术与设计理念相结合。

以上多种评估方法的综合运用,可以全面、客观地评估中职教育跨学科教学模式的效果,为教学模式的优化提供有力的依据。①

本节为我们提供了中职教育跨学科教学模式的评估标准与方法。科学的评估标准和方法能准确反映跨学科教学模式的实施效果。通过评估,我们能发现教学中存在的问题,为后续的优化提供方向。在实践中,我们要严格按照评估标准和方法进行评估,确保评估结果的客观性和公正性。

第二节 中职教育跨学科教学模式的实施效果评估案例

理论需要通过实践来检验,为了更直观地了解中职教育跨学科教学模式的实施效果,本节将通过具体案例进行分析。我们将选取机械制造与电子技术、烹饪与营养等跨学科教学案例,详细介绍其实施过程和效果评估。通过这些案例,我们能从中吸取经验教训,为其他专业的跨学科教学提供参考。

①刘奎华.STEM理念的中职跨学科融合教学策略初探[J].读与写(上旬),2021(12):288.

一、机械制造与电子技术跨学科教学案例

（一）教学背景与目标

1.教学背景

在现代制造业的发展趋势下，机械制造与电子技术的融合日益紧密。传统的机械制造行业正在向智能化、自动化方向转变，这就要求中职学生不仅要掌握机械制造的基本工艺和技能，还要熟悉电子技术在机械控制、监测等方面的应用。例如，数控机床的广泛应用，使得机械加工过程需要电子控制系统来精确控制刀具的运动轨迹和加工参数；自动化生产线上的机器人，其操作和协调也离不开电子技术的支持。然而，中职学生在这两个学科的学习往往是孤立的，缺乏对二者融合的深入理解。

从企业需求来看，制造业企业急需既懂机械又懂电子的复合型技术人才。他们需要能够对机械制造设备进行电子技术升级改造、对电子控制系统出现的机械故障进行排查的员工。但学校传统的教学模式无法很好地满足这一需求，因此开展机械制造与电子技术的跨学科教学迫在眉睫。

2.教学目标

知识目标：学生要掌握机械制造的基本原理，包括机械制图、材料加工工艺、公差配合等；同时，要深入理解电子技术的基础知识，如电路原理、电子元件特性、数字电路和模拟电路的基本功能等；并且，学生需要明白电子技术如何应用于机械制造过程中的控制、监测和自动化操作，如掌握如何通过电子电路控制机械部件的运动速度、方向等。

技能目标：培养学生具备机械制造设备的操作能力，如操作车床、铣床等机床进行简单零件加工；能够进行电子电路的搭建和调试，如根据给定的功能要求制作一个简单的电子控制器；能够将电子技术应用于机械制造设备的维护和故障排除，如利用电子检测设备查找机械加工设备中电气控制系统的故障点。

综合素养目标：提高学生的跨学科思维能力，让学生学会从机械和电子两个角度分析和解决问题；培养学生的创新能力，鼓励学生在机械制造与电子技术融合的领域提出新的想法和解决方案，如设计一种新型的智能机械产品，将电子传感器与机械结构创新性地结合起来；同时，提升学生的团队协作能力，因为在实际的跨学科项目中，往往需要不同专业背景的

学生合作完成任务。

（二）教学实施过程

1.课程设置

在课程内容方面，整合了机械制造和电子技术的相关课程。例如，将机械制图课程与电子电路绘图课程进行融合，让学生学会绘制包含机械结构和电子线路的综合图纸。开设机械制造中的电子技术应用课程，专门讲解电子技术在机械制造中的各种应用场景，如自动化生产设备中的电子控制系统、数控机床的数控系统等。同时，设置跨学科实践课程，让学生在实践中亲身体验机械制造与电子技术的融合。

在课程顺序安排上，先进行机械制造基础课程的学习，如机械基础、机械制图等，让学生对机械制造有一个初步的认识。然后引入电子技术基础课程，包括电路原理、电子元件等内容。在学生掌握了一定的基础后，开展机械制造与电子技术融合的课程，如机械制造中的电子控制技术、机电一体化技术等。最后，安排跨学科综合实践课程，让学生综合运用所学知识完成实际项目。

2.教学方法

项目驱动教学法。例如，设置一个智能机械小车制作的项目。学生需要分组完成从机械结构设计、电子电路制作到两者集成调试的全过程。在项目实施过程中，学生首先要根据小车的功能需求（如自动避障、遥控行驶等）进行机械结构设计，确定车身结构、车轮布局等；然后根据功能要求制作电子电路，如设计避障传感器电路、遥控接收电路等；最后将机械结构和电子电路进行集成，编写控制程序，实现小车的各项功能。

案例教学法。在课堂上讲解实际的机械制造与电子技术融合的案例，如某自动化生产线上的自动化设备改造案例。详细分析该设备在改造前存在的问题（如生产效率低、人工操作误差大等），以及如何运用机械制造和电子技术知识进行改造（如优化机械结构、增加电子控制系统实现自动化操作等）。通过案例教学，学生更好地理解了跨学科知识在实际生产中的应用。

实验教学法。建立专门的实验室，配备机械制造设备（如小型机床、钳工工具等）和电子实验设备（如示波器、信号发生器、电子元件实验板等）。在实验室中，学生可以进行机械加工实验，如制作简单的机械零件；同时也可以进行电子电路实验，如测试电子元件的特性、搭建和调试电子电路。通过实验教学，增强学生的动手能力和对知识的理解能力。

（三）实施效果评估

1.学生学习成果评估

知识掌握情况：通过考试和测验发现，大部分学生能够较好地掌握机械制造和电子技术的基础知识。在机械制造方面，学生对机械制图、材料加工工艺等知识的掌握程度较高，能够准确绘制机械零件图和装配图；在电子技术方面，学生对电路原理、电子元件特性等知识也有较好的理解，能够分析简单电子电路的工作原理；并且，学生对电子技术在机械制造中的应用知识也有一定的掌握，如能够解释数控机床的数控系统如何控制刀具运动。

技能提升情况：从学生的实践操作成果来看，在机械制造设备操作方面，学生能够熟练操作车床、铣床等机床进行零件加工，加工精度和效率都有一定的提高；在电子电路制作和调试方面，学生能够根据给定的功能要求制作出合格的电子电路，如制作一个具有定时功能的电子控制器；在跨学科技能方面，学生能够将电子技术应用于机械制造设备的维护和故障排除，如在模拟的机械加工设备电气控制系统故障排查中，大部分学生能够准确找到故障点并进行修复。

跨学科思维发展：通过观察学生在项目中的表现，发现学生的跨学科思维能力得到了明显提升。在智能机械小车制作项目中，学生能够从机械和电子两个方面综合考虑问题。例如，在设计小车的结构时，会考虑到电子设备的安装空间和散热要求；在制作电子电路时，会根据机械结构的特点选择合适的传感器安装位置。并且，学生能够提出一些创新性的想法，如在小车上设计一种新型的电子传感器安装方式，以提高传感器的检测精度。

2.教师教学能力评估

跨学科知识融合能力：在教学过程中，教师能够将机械制造和电子技术的知识进行有效融合。例如，在讲解机械制造中的电子控制技术课程时，教师能够将机械原理与电子电路原理有机结合起来，通过实际案例（如自动化生产设备的控制原理）深入浅出地讲解给学生。并且，教师能够及时解答学生在跨学科知识学习过程中遇到的疑惑，这表明教师自身具有较强的跨学科知识融合能力。

教学方法运用能力:教师在教学中能够灵活运用多种教学方法。在项目驱动教学法的运用中,教师能够合理地设置项目任务,如智能机械小车制作项目,任务难度适中,既能够让学生综合运用所学知识,又不会因为难度过高而使学生望而却步。在案例教学法方面,教师能够选取具有代表性的案例,如自动化生产线设备改造案例,并且能够对案例进行详细的分析和讲解,引导学生从案例中学习跨学科知识的应用。在实验教学法的运用上,教师能够有效地组织学生进行实验,确保实验安全,同时能够根据学生在实验中遇到的问题及时给予指导。

3.教学资源利用效率评估

硬件资源:学校的机械制造设备(如机床、钳工工具等)和电子实验设备(如示波器、信号发生器等)在教学过程中得到了充分利用。在机械制造课程中,机床和钳工工具被用于学生的机械加工实践操作,学生的使用率较高;在电子技术课程和跨学科实践课程中,电子实验设备被广泛用于电子电路实验、电子控制系统测试等,设备的完好率和使用率都达到了较好的水平。

软件资源:在教学中使用了一些计算机辅助设计软件和电子电路仿真软件。例如,在机械制图课程和机械制造中的电子技术应用课程中,CAD软件被用于机械零件图和装配图的绘制以及包含机械结构和电子线路的综合图纸绘制,学生对该软件的掌握程度较好,软件的使用频率较高。在电子电路制作课程中,电子电路仿真软件被用于电路的设计和测试,帮助学生在实际制作电路之前对电路的工作原理和性能进行模拟分析,提高了电路制作的成功率,软件资源得到了有效的利用。

二、烹饪与营养跨学科教学案例

(一)教学背景与目标

1.教学背景

随着生活水平的提高,人们对饮食的要求不仅仅停留在美味可口,更注重营养均衡和健康。烹饪行业也在不断发展,现代厨师需要具备营养知识,才能更好地满足消费者的需求。然而,在中职教育中,烹饪专业和营养专业往往是分开教学的,烹饪专业的学生缺乏营养知识,营养专业的学生缺乏烹饪实践技能。这种现状导致培养出的学生无法适应市场对烹饪与营养复合型人才的需求。

从社会发展的角度来看,健康饮食观念的普及使得烹饪与营养的结合成为必然趋势。例如,在学校食堂、餐饮企业等场所,专业人员需要根据不同人群(如学生、老年人、运动员等)的营养需求制定合理的菜单,并通过合理的烹饪方法保证食物的营养成分不被破坏。因此,开展烹饪与营养的跨学科教学具有重要的现实意义。

2.教学目标

知识目标:烹饪专业的学生要深入学习营养基础知识,包括人体所需的各种营养素(如蛋白质、碳水化合物、脂肪、维生素、矿物质等)的功能、来源和需求量;了解不同食材的营养成分及其在烹饪过程中的变化规律;掌握营养配餐的基本原理,如根据不同人群的年龄、性别、身体状况等因素进行合理的营养搭配。营养专业的学生则要学习烹饪的基本理论,如烹饪的基本方法(煎、炒、烹、炸、蒸、煮等)及其对食物营养成分的影响;了解各种食材的特性(如质地、口感、风味等),以便在营养配餐时能够合理选择食材。

技能目标:烹饪专业的学生要学会运用营养知识进行烹饪实践,如根据营养配餐要求制作出营养均衡的菜肴;掌握在烹饪过程中减少营养成分流失的技巧,如控制烹饪时间、温度和火候等。营养专业的学生要具备一定的烹饪实践能力,能够进行简单的菜肴制作,以便更好地理解烹饪方法对食物营养的影响;并且能够根据营养需求对现有的烹饪菜品进行营养分析和改进。

综合素养目标:培养学生的跨学科思维能力,使他们能够从烹饪和营养两个角度考虑问题,如在设计菜单时既能保证菜品的美味,又能满足营养需求。提高学生的创新能力,鼓励学生开发新的营养烹饪菜品,如结合现代营养理念和传统烹饪方法创造出具有特色的健康菜肴。同时,增强学生的沟通协作能力,因为在实际的餐饮服务中,烹饪人员和营养人员需要密切配合。

(二)教学实施过程

1.课程设置

在课程内容整合方面,开设烹饪与营养基础课程,将烹饪基本理论和营养基础知识进行融合讲解。例如,在讲解食材特性时,同时介绍其营养成分和烹饪特点。设置营养配餐与烹饪实践课程,重点培养学生的营养配餐能力和烹饪实践能力。在该课程中,学生要根据给定的人群(如运动员、老年人等)的营养需求制定菜单,并通过烹饪实践制作出符合营养要求的菜品。此外,还可以开设烹饪与营养专题课程,如特殊人群(孕妇、儿童等)的营养烹饪、地方特色菜肴的营养分析与改进等。

在课程顺序安排上,先进行烹饪基本理论和营养基础知识的教学,让学生对烹饪和营养有一个初步的了解;然后开展营养配餐与烹饪实践课程,让学生在实践中运用所学知识;最后,进行烹饪与营养专题课程的学习,深入研究特定领域的烹饪与营养问题。

2.教学方法

任务驱动教学法。例如,给定学生一个任务:为学校食堂设计一周的营养菜单,并制作出其中一天的菜品。学生需要分组完成这个任务,在任务过程中,首先要进行营养需求分析,根据学校学生的年龄、活动量等因素确定每天的营养摄入量;然后根据营养需求选择合适的食材,制定菜单;最后进行烹饪制作,制作出符合营养要求的菜品。

现场教学法。在烹饪实践课堂上,教师直接在厨房现场示范烹饪过程,并讲解其中的营养知识。例如,在煎鱼的过程中,教师会讲解鱼的营养成分,以及煎制过程中如何控制油温、火候和时间,以减少营养成分的流失。同时,教师还会现场示范如何搭配配菜,使菜品的营养更加均衡。

小组讨论教学法。在营养配餐与烹饪实践课程中,教师可以组织学生进行小组讨论。例如,在讨论如何为老年人设计营养菜单时,小组成员会从烹饪和营养两个方面进行交流。烹饪专业的学生可能会提出一些适合老年人消化的烹饪方法,如蒸、煮等;营养专业的学生则会根据老年人的营养需求提出食材的选择和搭配建议,如增加富含钙、铁等营养素的食材。通过小组讨论,促进学生之间的交流与合作,提高学生的跨学科思维能力。

(三)实施效果评估

1.学生学习成果评估

知识掌握情况:通过测试发现,烹饪专业的学生对营养知识的掌握有了明显的提高。他们能够准确说出人体所需的各种营养素及其功能、来源和需求量;对不同食材的营养成分和在烹饪过程中的变化规律也有较好的理解;并且能够根据不同人群的营养需求进行基本的营养配餐。营养专业的学生对烹饪基本理论的掌握程度也较高,能够说出各种烹饪方法及其对食物营养成分的影响,了解不同食材的特性。

技能提升情况:在烹饪实践方面,烹饪专业的学生能够更好地运用营养知识进行烹饪。例如,在制作菜品时,能够根据营养配餐要求合理搭配食材,控制烹饪时间、温度和火候,以减少营养成分的流失。他们制作出的菜品不仅美味可口,而且营养均衡。营养专业的学生的烹饪实践能力也有了很大的提升,能够独立制作一些简单的菜肴,并且能够根据营养需求对菜品进行营养分析和改进。

跨学科思维发展:在完成任务和项目的过程中,学生的跨学科思维能力得到了很好的锻炼。例如,在为学校食堂设计营养菜单的任务中,学生能够综合考虑烹饪方法、食材选择、营养搭配等多方面因素。他们不再单纯地从烹饪或营养的单一角度考虑问题,而是能够将两者有机结合起来。并且,学生能够提出一些创新性的想法,如将传统的地方菜肴进行营养改良,使其更符合现代健康饮食的要求。

2.教师教学能力评估

跨学科知识融合能力:教师在教学过程中能够有效地将烹饪和营养知识进行融合。例如,在营养配餐与烹饪实践课程中,教师能够将营养配餐原理与烹饪实践操作相结合,给学生进行详细的讲解和示范。教师能够解答学生在跨学科知识学习过程中遇到的各种问题,这表明教师具有较强的跨学科知识融合能力。

教学方法运用能力:教师能够灵活运用多种教学方法。在任务驱动教学法的运用中,教师能够合理地设置任务,如为学校食堂设计营养菜单的任务,任务具有一定的挑战性和实用性,能够激发学生的学习兴趣和动力。在现场教学法方面,教师能够在厨房现场准确地示范烹饪过程,并清晰地讲解其中的营养知识,使学生更容易理解。在小组讨论教学法的运用上,教师能够有效地组织学生进行小组讨论,引导学生积极参与讨论,提高学生的跨学科思维能力。

3.教学资源利用效率评估

硬件资源:学校的厨房设备(如炉灶、烤箱、蒸箱等)和营养分析设备

(如食物成分分析仪等)在教学过程中得到了充分的利用。在烹饪实践课程中,厨房设备被用于学生的烹饪操作,学生的使用率较高;在营养分析课程中,营养分析设备被用于分析食材的营养成分,设备的完好率和使用率都达到了较好的水平。①

软件资源:在教学中使用了一些食谱制作软件和营养计算软件。例如,在营养配餐与烹饪实践课程中,食谱制作软件被用于制作菜单,学生可以方便地根据营养需求和食材选择制作出合理的菜单;营养计算软件被用于计算菜品的营养成分,帮助学生进行营养分析和调整,软件资源得到了有效利用。

通过对实施效果评估案例的分析,我们看到了中职教育跨学科教学模式在不同专业中的应用效果。这些案例为我们展示了跨学科教学的优势和潜力,同时也暴露出一些问题。我们要从案例中总结经验,针对问题提出改进措施。在今后的教学中,不断推广成功经验,优化跨学科教学模式。

第三节　中职教育跨学科教学模式的优化路径与未来趋势

中职教育跨学科教学模式需要不断优化和发展,以适应社会的变化和学生的需求。本节将探讨跨学科教学模式的优化路径与未来趋势。我们将提出具体的优化建议,如加强课程整合、创新教学方法等。同时,展望跨学科教学模式的未来发展方向,为中职教育的长远发展提供思路。

一、跨学科教学模式的优化建议

在当今科技飞速发展、社会需求日益多元化的时代背景下,中职教育肩负着为社会培养大量应用型技术人才的重任。跨学科教学模式作为一种创新的教育方式,能够打破传统学科界限,培养学生的综合素养和创新能力,满足社会对复合型人才的需求。然而,目前中职教育跨学科教学模式在实施过程中仍面临诸多问题,如教学内容缺乏系统性、教师跨学科素

①韩政,邱卫. 新课改下课程思政实现中职跨学科教学的研究[J]. 读与写,2021(31):31-32.

养不足、学生参与度不高、评估标准不明确以及教学资源相对匮乏等。为了提高跨学科教学的质量和效果，实现中职教育的人才培养目标，我们需要从多个方面对跨学科教学模式进行优化。

（一）课程设计优化

1. 系统化课程规划

在许多中职学校实施跨学科教学时，教学内容碎片化的问题较为突出。不同学科的知识点简单堆砌，缺乏内在的逻辑联系和系统性。例如，在一些跨学科课程中，数学、物理和化学等学科的知识只是简单罗列在一起，学生难以理解各学科知识之间的相互关系和应用场景，无法形成完整的知识体系。这种碎片化的课程设计不仅增加了学生的学习难度，还降低了学习效率，影响了学生对跨学科知识的掌握和应用能力。

为了解决这一问题，课程设计应围绕核心主题进行全面规划。教师需要共同参与课程标准和学习目标的制定，确保各学科知识能够有机融合。以项目为导向的学习是一种有效的教学策略。例如，在智能家居项目中，它涉及电子技术、计算机编程、自动化控制等多个学科知识。学生在项目实施过程中，需要运用电子技术知识搭建硬件电路，包括选择合适的电子元件、设计电路原理图、进行电路板焊接等；使用计算机编程实现智能控制功能，如编写程序控制灯光的亮度和颜色、调节空调的温度和风速等；通过自动化控制原理实现设备的自动化运行，如根据环境光线自动调节窗帘的开合、根据室内温度自动调节暖气的开关等。通过这样的项目，学生能够将不同学科的知识融会贯通，建立起完整的知识体系，提高综合应用能力。

2. 注重课程实用性与前瞻性

课程内容应全面涵盖基础知识、专业技能和职业素养等方面，注重实用性和前瞻性。在当今快速发展的社会中，产业需求和技术进步日新月异，课程内容必须紧跟时代步伐，及时更新。以信息技术专业为例，随着人工智能、大数据、云计算等技术的迅猛发展，这些技术在各个领域的应用越来越广泛。因此，在信息技术专业的课程中，应引入人工智能算法、大数据分析、云计算平台搭建等前沿知识。学生通过学习这些前沿知识，能够了解行业发展趋势，掌握最新的技术和方法，提高自己的竞争力。

同时，课程要紧密结合实际工作需求，培养学生的实践能力和解决实际问题的能力。学校可以与企业合作，了解企业的实际需求和岗位标准，将企业的项目案例和工作流程融入课程教学中。例如,在软件开发课程中,可以引入企业实际的软件开发项目,让学生在模拟真实的工作环境中进行项目开发,提高学生的实践操作能力和项目管理能力。

(二)教师素养提升

1.定期培训与知识拓展

教师是跨学科教学的关键因素,但目前许多中职教师专业知识单一,缺乏跨学科的知识和技能。传统的教师培养模式往往注重单一学科的深入学习,导致教师在跨学科教学中面临诸多困难。例如,一位数学教师可能对计算机编程知识了解甚少,在跨学科教学中难以将数学知识与计算机编程相结合,无法为学生提供全面的指导。

为了提高教师的跨学科素养,学校应组织定期的教师培训。培训内容可以包括其他学科的基本知识、教学方法和跨学科教学理念等。例如,可以邀请跨学科教学的专家和学者进行讲座和研讨,分享跨学科教学的经验和最新研究成果。同时,学校还可以安排教师参加相关学科的进修课程,拓宽教师的知识面和视野。通过这些培训,教师能够接触到不同学科的前沿知识和教学理念,提高自己的跨学科教学能力。

2.团队教学与合作交流

鼓励教师进行跨学科的团队教学,是提升整体教学水平的有效途径。在团队教学中,不同学科的教师可以相互学习、相互补充,共同完成跨学科课程的教学任务。例如,在一个跨学科的项目教学中,数学教师可以负责提供数学模型和数据分析方法,物理教师可以讲解物理原理和应用,计算机教师可以指导学生进行编程和软件开发。通过团队教学,教师可以充分发挥各自的专业优势,为学生提供更全面、更深入的知识和指导。

同时,团队教学也有助于促进教师之间的合作交流。教师可以共同探讨教学过程中遇到的问题,分享教学经验和资源,提高教学质量。学校可以建立教师团队教学的激励机制,鼓励教师积极参与团队教学,如给予一定的教学奖励、职称评定倾斜等。

(三)学生参与度激发

1.以学生为中心的教学活动

在传统教学模式下,学生往往处于被动接受知识的状态,缺乏主动参与的机会。这种被动式的学习方式容易使学生失去学习兴趣和动力，降低学习效果。跨学科教学需要学生积极参与讨论、合作和实践，因此要制定以学生为中心的教学活动。

通过小组讨论、角色扮演、案例分析等多种形式，增强学生的参与感。例如，在一个市场营销与电子商务的跨学科课程中，可以组织学生进行市场调研项目。学生分组进行市场分析、制定营销策略等活动。在这个过程中，学生需要主动收集信息、分析问题、提出解决方案。每个小组的成员需要分工合作，共同完成项目任务。通过小组讨论，学生可以分享彼此的观点和想法，拓宽思维视野；通过角色扮演，学生可以亲身体验不同的角色和工作场景，提高解决实际问题的能力；通过案例分析，学生可以学习借鉴实际案例中的经验和教训，提高分析和解决问题的能力。

2.引导学生深度思考

教师应积极引导学生提出问题，鼓励他们在跨学科学习中进行深度思考和探讨。在跨学科学习中，学生面临的问题往往具有复杂性和综合性，需要学生运用不同学科的知识和方法进行分析和解决。教师可以通过设置问题情境、引导学生进行案例分析等方式，激发学生的思考欲望。

例如，在一个科学与艺术融合的课程中，教师可以引导学生思考如何将科学原理应用到艺术创作中，或者如何从艺术作品中发现科学的奥秘。当学生在学习过程中遇到问题时，教师不要直接给出答案，而是引导学生自己去思考和探索。教师可以提出一些启发性的问题，帮助学生逐步分析问题，找到解决问题的思路。通过这种方式，培养学生的问题解决能力和创新思维。

（四）评估标准明确

1.建立跨学科评估体系

目前，跨学科教学的评估往往没有明确的标准，教师在评价学生跨学科能力时缺乏有效的工具和方法。传统的评估方式主要侧重于单一学科知识的考核，无法全面评价学生的跨学科能力和综合素质。例如，在考试中，往往只考查学生对某一学科知识的掌握情况，而忽略了学生在跨学科项目中的表现和能力。

为了解决这一问题，需要建立跨学科评估体系，制定清晰的评价标准和指标。评估体系应涵盖知识掌握、技能应用、合作能力和创新思维等多个方面。例如，可以通过项目评估、作业完成情况、课堂表现等多个方面对学生进行综合评价。在一个跨学科项目中，可以从项目的创意、实施过程、最终成果等方面对学生进行评价。创意方面主要评价学生在项目中的创新想法和设计思路；实施过程方面主要评价学生的团队协作能力、问题解决能力和实践操作能力；最终成果方面主要评价项目的质量和应用价值。

2.多元化评价方式

采用多元化的评价方式，如自评、互评和教师评分相结合，可以全面、客观地评价学生的学习情况。自评可以让学生反思自己的学习过程和成果，发现自己的优点和不足，从而调整学习策略和方法。互评可以让学生从同伴的角度了解自己的表现，学习他人的优点，同时也能培养学生的批判性思维和团队合作精神。教师评分则可以给予学生专业的评价和指导，帮助学生明确学习方向和改进目标。

例如，在一个跨学科项目结束后，学生可以先进行自评，撰写项目总结报告，分析自己在项目中的表现和收获；然后进行互评，小组内成员相互评价，提出优点和建议；最后由教师进行综合评分，并给予反馈和指导。通过多元化的评价方式，能够充分调动学生的学习积极性，提高学习效果。

（五）教学资源丰富

1.加大资源投入

有效的跨学科教学需要丰富的教学资源作为支撑，包括课程材料、实验设备和信息技术等。然而，目前许多中职学校在教学资源方面投入不足，限制了跨学科教学的实施和发展。例如，一些学校的实验室设备陈旧落后，无法满足跨学科实验教学的需求；教材内容陈旧，缺乏与实际工作和行业发展的紧密联系。

学校应加大对跨学科教学资源的投入。在课程材料方面，学校可以组织教师编写适合跨学科教学的教材和讲义，教材内容应紧密结合实际工作需求和行业发展趋势，具有实用性和创新性。同时，学校还可以购买相关的参考书籍、期刊等，为学生提供丰富的学习资料。在实验设备方面，学校应根据跨学科课程的需求，购置先进的实验设备和仪器。例如，在机器人技术跨学科课程中，配备高精度的机器人模型和编程软件，让学生能够进行更复杂的机器人设计和编程实践。在信息技术方面，学校应加强校园网络建设，提供高速稳定的网络环境，为学生提供在线学习资源和平台。

2. 利用数字化资源

鼓励教师利用互联网和数字化资源，丰富教学内容，提升教学效果。互联网上有丰富的教学资源，如在线课程、教学视频、学术论文等。教师可以根据教学需要，筛选和整合这些资源，为学生提供多样化的学习材料。例如，教师可以在课堂上播放相关的教学视频，帮助学生更好地理解抽象的概念和知识；引导学生参与在线课程学习，拓宽学习渠道和视野。

同时，学校可以建立教学资源库，将教师制作的优秀教学资源进行整合和共享，方便教师和学生使用。教学资源库可以包括课件、教案、教学案例、试题库等。教师可以将自己的教学资源上传到资源库中，与其他教师分享；学生可以根据自己的学习需求，下载相关的教学资源进行学习。此外，学校还可以加强与其他学校、企业和科研机构的合作，实现资源共享，获取更多的优质教学资源。

通过对课程设计、教师素养、学生参与度、评估标准和教学资源等方面进行优化，可以有效解决当前中职教育跨学科教学中面临的问题，提高跨学科教学的质量和效果。课程设计的优化能够为学生提供系统、实用、具有前瞻性的课程内容，帮助学生建立完整的知识体系；教师素养的提升是跨学科教学成功的关键，能够为学生提供更专业、更全面的指导；激发学生参与度可以让学生积极主动地参与到跨学科学习中，提高学习效果和综合能力；明确评估标准能够为学生提供准确的反馈和评价，促进学生的学习和发展；丰富教学资源可以为跨学科教学提供有力的支持，创造良好的教学条件。各方面相互配合、相互促进，共同推动中职教育跨学科教学模式的不断完善。

二、跨学科教学模式的未来发展

随着科技的飞速发展和社会经济的快速变化，中职教育跨学科教学模式面临着新的机遇和挑战。为了更好地适应社会需求，培养出具有综合能力和创新精神的人才，中职教育跨学科教学模式将在多个方面展现出新的发展趋势。这些趋势将深刻影响中职教育的教学理念、教学方法、教学资源和人才培养目标，推动中职教育向更高水平发展。

（一）教师队伍建设强化

1.专业培训与能力提升

未来，中职教育将更加重视教师队伍的建设，加强对教师的培训和培养，提高教师的跨学科知识和能力。随着科技的不断进步和学科的交叉融合，教师需要不断更新知识结构，掌握新的教学方法和技术。学校会定期组织教师参加各类跨学科培训课程，内容涵盖不同学科的基础知识、教学方法和前沿研究成果。

例如，安排教师参加人工智能与教育融合的培训，使教师掌握人工智能在教学中的应用方法，能够将其融入跨学科课程教学中。在培训过程中，教师可以学习到人工智能的基本概念、算法原理和应用场景，了解如何利用人工智能技术进行教学内容的设计、教学过程的监控和教学评价的实施。通过这些培训，拓宽教师的学科视野，提升其跨学科教学能力。教师能够更好地引导学生利用人工智能技术解决实际问题，培养学生的创新思维和实践能力。

2.引进跨学科背景教师

除了对现有教师进行培训，中职学校还将引进更多具有跨学科背景的教师。这些教师具备多个学科的知识和经验，能够为跨学科教学带来新的思路和方法。他们在教学中可以打破传统学科的界限，将不同学科的知识有机融合，为学生提供更加丰富和全面的教学内容。

例如，引进具有计算机科学和生物学双学位的教师，在教学中可以将计算机技术应用于生物领域的研究和实践，开设生物信息学等跨学科课程。在生物信息学课程中，学生可以学习如何利用计算机算法和数据分析方法处理生物数据，如基因序列分析、蛋白质结构预测等。这种跨学科的课程能够培养学生的综合应用能力，使学生在未来的职业发展中具有更广阔的选择空间。

（二）教学资源完善深化

1.教学设施与教材更新

跨学科教学需要丰富的教学资源作为支撑。未来，中职教育将进一步完善教学资源，包括更新实验室设备、编写跨学科教材等。学校会根据跨学科课程的需求，购置先进的实验设备和仪器，为学生提供更好的实践条件。

例如，在机器人技术跨学科课程中，配备高精度的机器人模型和编程软件，让学生能够进行更复杂的机器人设计和编程实践。学生可以通过操作机器人模型，学习机器人的运动控制、传感器应用和人工智能算法等知识，提高实践操作能力和创新能力。同时，组织教师和企业专家共同编写跨学科教材，教材内容要紧密结合实际工作需求和行业发展趋势，具有实用性和创新性。教材可以采用案例教学、项目驱动等方式编写，引导学生通过实际案例和项目学习跨学科知识和技能。

2.校企合作与资源共享

加强校企合作是完善教学资源的重要途径。学校将与企业建立更紧密的合作关系，共同开发教学资源。企业可以为学校提供真实的项目案例、实习机会和专业技术支持，学校则可以为企业培养符合其需求的人才。

例如，学校与电商企业合作，企业提供电商平台的实际运营数据和案例，学校将这些内容融入教学中，让学生在学习过程中接触到真实的商业环境。学生可以通过分析电商数据，了解市场需求和消费者行为，制定营销策略和运营方案。此外，学校之间也可以加强资源共享，建立跨校教学资源库，实现优质教学资源的互通有无。学校可以共享优秀的教学课件、教学案例、试题库等资源，提高教学资源的利用效率，促进教学质量的提升。

（三）教学方法创新拓展

1.多样化教学方法应用

未来，中职教育将不断探索新的教学方法，以适应学生的不同需求。项目式学习、情境教学、在线学习等教学方法将得到更广泛的应用。项目式学习以实际项目为载体，让学生在解决问题的过程中学习和应用跨学科知识。

例如，在一个城市规划跨学科项目中，学生需要综合运用地理、建筑、环境科学等多学科知识，进行城市布局设计、环境评估等工作。学生在项目实施过程中，需要进行实地考察、数据分析、方案设计等工作，通过实践操作，提高综合应用能力和解决实际问题的能力。情境教学则通过创设真实的情境，让学生在情境中体验和学习。比如，在旅游服务跨学科课程中，创设旅游景区服务情境，让学生扮演导游、游客等角色，进行服务实践和沟通交流。学生在模拟的情境中，能够更好地理解旅游服务的流程和规范，提高服务意识和沟通能力。在线学习利用互联网技术，为学生提供丰富的学习资源和便捷的学习方式。学生可以根据自己的时间和需求，自主选择学习内容和学习进度。

2. 注重学生主体地位

未来的跨学科教学将更加注重学生的主体地位，充分发挥学生的主动性和创造性。教师将从知识的传授者转变为学习的引导者和促进者，鼓励学生积极参与教学过程，提出自己的问题和想法。

例如，在课堂上组织学生进行小组讨论和项目汇报，让学生自主分享学习成果和经验。在小组讨论中，学生可以自由发表自己的观点和见解，与小组成员进行交流和合作，共同解决问题。在项目汇报中，学生可以展示自己的项目成果，接受其他同学和教师的评价和建议。同时，教师会根据学生的个体差异，制定个性化的学习计划和教学策略，满足不同学生的学习需求。对于学习能力较强的学生，教师可以提供更具挑战性的学习任务和拓展性的学习内容；对于学习能力较弱的学生，教师可以给予更多的指导和帮助，逐步提高他们的学习能力。

（四）学生综合素质与职业发展聚焦

1. 综合素质培养强化

中职教育的目标是培养学生的综合素质和职业发展能力。未来，跨学科教学将更加注重学生综合素质的培养，包括创新思维、团队协作、沟通能力等方面。通过综合性的教学活动，如跨学科竞赛、社团活动等，培养学生的创新意识和实践能力。

例如，举办科技与艺术融合的竞赛活动，让学生将科学知识与艺术创意相结合，展示自己的作品，激发学生的创新思维和创造力。在竞赛过程中，学生需要运用多学科知识和技能，进行作品的设计、制作和展示。通过与其他参赛选手的交流和竞争，学生可以学习到他人的优点和经验，提高自己的创新能力和实践能力。在团队项目中，培养学生的团队协作精神和沟通能力，让学生学会与不同背景的人合作，共同完成任务。在团队项目中，每个成员都有自己的角色和职责，需要相互协作、相互支持。通过与团队成员的沟通和交流，学生可以提高自己的沟通能力和团队协作能力，学会尊重他人的意见和想法，共同解决团队中遇到的问题。

2. 职业发展导向明确

跨学科教学将紧密围绕学生的职业发展需求，调整教学内容和方法。学校会加强与企业的合作，了解企业对人才的需求标准和职业发展路径，将这些信息融入跨学科课程教学中。例如，根据企业对智能制造人才的需求，开设机械设计、电子技术、自动化控制等多学科融合的课程，培养学生在智能制造领域的专业技能和职业素养。在课程教学中，引入企业实际的生产案例和项目，让学生在学习过程中接触到真实的工作场景，提高学生的实践操作能力和解决实际问题的能力。

同时，为学生提供职业规划指导和就业服务，帮助学生更好地实现从学校到职场的过渡。学校可以邀请企业人力资源专家来校举办职业规划讲座，为学生介绍不同职业的发展前景、岗位要求和职业规划方法。学校还可以建立就业信息平台，为学生提供丰富的就业信息和招聘资源，组织校园招聘会，帮助学生与企业进行对接，提高学生的就业成功率。

（五）信息化与国际化发展凸显

1. 信息化教学普及

随着信息技术的不断发展，中职教育跨学科教学将更加注重信息化教学的应用。学校会利用现代信息技术手段，如人工智能、大数据、虚拟现实等，丰富教学内容和形式，提高教学效果和效率。例如，利用虚拟现实技术创设虚拟实验环境，让学生在虚拟环境中进行实验操作，避免实际实验中的安全风险和成本问题。在虚拟实验环境中，学生可以自由操作实验设备，观察实验现象，记录实验数据，进行实验分析。通过这种方式，学生可以更加深入地理解实验原理和过程，提高实验操作能力。

同时，通过大数据分析学生的学习行为和成绩，为教师提供个性化的教学建议，实现精准教学。教师可以根据大数据分析结果，了解每个学生的学习特点和需求，制定个性化的教学计划和辅导方案。对于学习困难的学生，教师可以提供有针对性的辅导和帮助；对于学习优秀的学生，教师可以提供拓展性的学习内容和挑战任务，满足不同学生的学习需求。

2. 国际化视野培养

未来，中职教育跨学科教学将更加强调学生国际化视野的培养。学校会积极开展国际交流与合作项目，引进国际先进的教育理念和教学资源。例如，与国外职业院校建立合作关系，开展学生交换、教师交流等活动。学生可以到国外职业院校进行学习和交流，了解国外的职业教育体系、教学方法和课程设置，体验不同国家的文化和教育模式。教师可以到国外进行培训和交流，学习国外先进的教学理念和方法，带回国内应用到教学实践中。

邀请国外专家来校讲学，介绍国外跨学科教学的经验和成果。国外专家可以分享他们在跨学科教学方面的研究成果和实践经验，为学校的跨学科教学改革提供参考和借鉴。通过这些活动，让学生接触到不同国家的文化和教育模式，拓宽学生的国际视野，提高学生的国际竞争力。

中职教育跨学科教学模式的未来发展将围绕教师队伍建设、教学资源完善、教学方法创新、学生综合素质与职业发展以及信息化与国际化等方面展开。强化教师队伍建设，通过专业培训和引进跨学科背景教师，为跨学科教学提供有力的师资保障，确保教师能够胜任跨学科教学的要求；完善教学资源，更新教学设施和编写跨学科教材，加强校企合作与资源共享，为教学提供良好的条件，使学生能够在优质的教学资源支持下进行学习；创新教学方法，多样化教学方法的应用和注重学生主体地位，满足学生多样化的学习需求，激发学生的学习兴趣和主动性；聚焦学生综合素质与职业发展，强化综合素质培养和明确职业发展导向，是教学的核心目标，使学生具备适应社会发展和职业需求的能力；信息化与国际化发展则是适应时代发展的必然趋势，信息化教学普及提高教学效果和效率，国际化视野培养让学生在全球竞争中具有优势。这些发展趋势将相互促进、协同发展，推动中职教育跨学科教学模式不断创新和进步，为社会培养出更多适应未来发展需求的高素质人才，使中职教育在新时代的教育改革和社会发展中发挥更加重要的作用。[①]

本节为中职教育跨学科教学模式的优化和未来发展指明了方向。通过采取有效的优化路径，我们能不断提高跨学科教学模式的质量。同时，了解未来趋势，能让我们提前做好准备，顺应教育发展的潮流。在今后的工作中，我们要积极探索和实践，推动中职教育跨学科教学模式不断发展和完善。

①陈胜蓝．中职跨学科复合型新商科人才培养模式实践与探索[J]．老字号品牌营销，2022(24)：169-172.

参考文献

一、专著

[1]华子荀,吴鹏泽. 教育创新发展 基于跨学科教育实践与典型案例[M]. 北京:光明日报出版社,2024.

[2]李庆合. 跨学科主题学习设计与实践[M]. 上海:上海交通大学出版社,2024.

[3]李玮炜,肖霞,贺定修. 现代职业教育创新实践研究[M]. 青岛:中国海洋大学出版社,2022.

[4]刘任熊,黄利文,冯萍. 职业教育及其质量评价论[M]. 合肥:安徽师范大学出版社,2022.

[5]邱才训. 中职教育课程建设研究[M]. 广州:广东教育出版社,2009.

[6]裘伟东,吴志强. 跨学科:课程建设与实践教学[M]. 芜湖:安徽师范大学出版社,2024.

[7]张淼,刘燕. 中学跨学科融合教学初探[M]. 长春:吉林人民出版社,2022.

[8]中国职业技术教育学会. 职业教育若干专题研究报告汇编[M]. 北京:高等教育出版社,2018.

[9]周燕. 跨学科校本课程群的建构与实践[M]. 上海:上海交通大学出版社,2024.

二、学位论文

[1]胡晴. 基于STEM的跨学科融合在中职旅游专业中的应用探究:以《山地旅游景观》为例[D]. 苏州:苏州大学,2023.

[2]徐菁．中职教科书跨学科内容评价框架的建构与应用研究：以中新教科书比较为例[D]．广州：广东技术师范大学．2024.

[3]郑瑞萍．跨学科项目式学习提升中职生问题解决能力的案例研究：以中职《新媒体美工》课为例[D]．上海：上海师范大学，2024.

三、期刊文献

[1]陈利敏，刘志文．职业教育跨学科研究：源起、困境与创新路径[J]．广东技术师范大学学报，2024(2)：83-89.

[2]陈胜蓝．中职跨学科复合型新商科人才培养模式实践与探索[J]．老字号品牌营销，2022(24)：169-172.

[3]葛凡．中职教育发展问题瓶颈及衔接对策[J]．新教育时代电子杂志(教师版)，2024(26)：160-162.

[4]韩政，邱卫．新课改下课程思政实现中职跨学科教学的研究[J]．读与写，2021(31)：31-32.

[5]阚明．信息技术与中职专业课程融合的实践与探索[J]．电脑知识与技术，2023(9)：141-143.

[6]李巧．课程融合育人的实现路径探析[J]．教学管理与教育研究，2022(13)：12-13.

[7]刘奎华．STEM理念的中职跨学科融合教学策略初探[J]．读与写(上旬)，2021(12)：288.

[8]王好荣．中职教育质量评估与提升策略探讨[J]．科技风，2024(18)：133-135.

[9]王韬．课程思政与中职“工业机器人技术”课程融合的实践[J]．科学咨询，2023(22)：190-192.

[10]谢芳．新时代背景下中职数学和课程思政融合路径[J]．数理化解题研究，2024(3)：33-35.

[11]曾剑．核心素养导向的学校课程融合策略[J]．教育科学论坛，2023(16)：66-68.

[12]曾钦泉．提升中职教育适应性的思考与实践[J]．师道(教研)，2024(16)：173.